O PODER DAS VITAMINAS

Agradecimentos

Ousadamente, acredito que a coleção **O Poder do Poder** é um momento novo na indústria do livro. Um novo conceito de "construir e escrever" livros está nascendo — o livro-clipping.

Este sonho empresarial foi e é um desafio no jogo da vida. Aliás, este jogo — descobri — não é um jogo *ganha-perde* ou *perde-ganha*, é um jogo *ganha-ganha*. Todos ganham, culturalmente. Do autor ao leitor.

Quando começo a pensar nos difíceis estágios por que passou este projeto, não posso deixar de lembrar a importante colaboração que recebi de várias pessoas, sem as quais não seria possível a sua realização material.

Com orgulho literário, agradeço a todas essas pessoas, físicas e jurídicas — pesquisadores, programadores, jornalistas, escritores, advogados, empresários, diretores de editoras, de gráficas, de jornais e TVs — o apoio direto ou indireto que ofereceram à realização deste trabalho. Sem a solidariedade, profissional e humana, desses amáveis colegas de trabalho, este projeto editorial jamais teria sido possível.

A todos, minha infinita gratidão.

O Editor

Coleção
O PODER DO PODER

O PODER DAS VITAMINAS

A vitaminoterapia é um revolucionário sistema de nutrição racional. Você pode evitar ou tratar as doenças por meio de um programa de vitaminas e sais minerais.

12

VOCÊ TEM O PODER DE MUDAR A SUA VIDA

LIVRO MARTIN CLARET CLIPPING

Coleção
O PODER DO PODER

Idealização e Realização
Martin Claret

Pesquisa e Organização
Manville Avalon

Projeto Gráfico
José Duarte Teixeira de Castro

Digitação
Celina V. Marques

Revisão
Marcos D. Agathão

Editoração Eletrônica
Bypress Comunicação

Direção de Arte
José Duarte Teixeira de Castro

Fotolito da Capa
OESP

Fotolitos em Editoração Eletrônica
Publishop Inf. Visual e Editorial

Papel
Off-set/ 87 x 114 x 90g

Impressão e Acabamento
Cromosete Gráfica e Editora

EDITORA MARTIN CLARET
Rua Alegrete, 62 - Bairro Sumaré - CEP 01254-010
Tel.: (11) 3672-8144 - Fax: (11) 3673-7146
São Paulo - SP

www.martinclaret.com.br
comercial@editoramclaret.com.br

LIVRO | MARTIN CLARET | CLIPPING

O Livro Vivo

MARTIN CLARET

O poder da informação

O homem é um animal neurolingüístico. Ele cria sua realidade a partir do pensamento e da palavra. Sua potencialidade é quase infinita. O conhecimento de si mesmo é a sua meta suprema.

Essa escalada do homem é uma imensa epopéia cósmica, e neste contexto cada criatura é um herói. Mas o início dessa escalada cultural foi terrivelmente difícil.

Vivemos, hoje, na "idade da informática". Não mais fazemos parte de uma cultura coletora, agrícola ou industrial, mas de uma cultura da informação. Vivemos numa época de profundas mudanças. Novas idéias e novos movimentos mudam o mundo quase que diariamente. Essas mudanças vêm a nós através de livros, jornais, cinema, teatro, filmes, *chips* de computador, etc. Nesta nova sociedade, quem tiver mais informações, tem maior poder. John Galbraith, o iluminado autor de *A Era da Incerteza*, proclamou: "Dinheiro é o combustível da sociedade industrial. Mas na sociedade da informática o combustível, o poder, é o conhecimento. Vê-se agora a estrutura de uma nova classe dividida entre aqueles que têm informação e os que devem atuar na ignorância. Esta nova classe não tem poder no dinheiro, ou na terra, mas no conhecimento."

Hoje, essa chave do poder do conhecimento é acessível à maioria dos seres humanos.

Definição de poder

Poder.

Nada exerce mais atração sobre os seres humanos do que essa palavra mágica. Nenhuma paixão é mais duradoura, nenhuma companhia mais constante. O poder é uma das mais legítimas emoções humanas. Sua motivação são os resultados. Agir para ser mais.

Poder é uma palavra incrivelmente emocional. Diante dela são infinitas nossas reações. Cada um tem um conceito pessoal da palavra poder. Para muitas pessoas ela tem uma conotação negativa. Outras, explícita ou secretamente, cobiçam o poder. Os mais ortodoxos suspeitam do poder. Cada um tem uma definição própria para o vocábulo poder.

Como uma cultura, nós temos sido ambivalentes a respeito do poder. Não obstante, poder — que deriva do latim *potere*, "ser capaz" — é energia. Sem poder não há ação ou movimento. Poder é um assunto centra da transformação do ser humano.

Eu proclamo o Poder Correto — o poder usado não como instrumento negativo ou para glorificar o ego, mas a serviço da Vida. O poder como um ato de sabedoria e não como um instrumento para manipular pessoas. Poder compartilhado, e não o poder imposto.

Poder é a capacidade e habilidade de mudar nossas vidas. É a habilidade de definir as necessidades humanas e resolvê-las. Poder é energia.

O amor ao poder

Michael Korda, o editor-chefe da poderosa editora Simon & Suster — ele mesmo participante do fascinante jogo do poder —, no seu best-seller *Poder, Como Conquistá-lo, Como Utilizá-lo*, nos dá didaticamente as principais normas para criar poder.

Para completa informação de meus leitores, passo a transcrevê-las.

Primeira: "Pratique cada ação como se fosse a única coisa que realmente importa no mundo." Segunda: "Nunca revele aos outros tudo a teu respeito; guarde alguma coisa de reserva, para que eles nunca tenham certeza de que realmente te conhecem." Terceira: "Aprende a usar o tempo e pense nele como um amigo, não como um inimigo. Não o desperdices indo atrás de coisas que não desejas." Quarta: "Aprende a aceitar os teus erros. Não sejas perfeccionista a respeito de tudo." Quinta e última norma: "Não cries ondas; move-te suavemente, sem complicar as coisas."

Como homem, para quem o único limite do poder é o limite de acreditar, Michael Korda, nos dá, ainda, este ensinamento essencial: "Quanto mais mecânico e complicado for o nosso mundo, mais precisamos da simplicidade do poder para nos guiar e proteger. É o único dom que nos permite continuar sendo humanos num mundo desumano — porque o amor ao poder é o amor por nós mesmos."

famosa revista multinacional. Mais tarde, usei parte desse meu material e o *know-how* adquirido em minha atividade profissional. Esta é a gênese da coleção **O Poder do Poder** e de outros trabalhos editoriais realizados por mim.

A gênese da coleção O Poder do Poder

Sou editor de livros. O universo da minha vida sempre gravitou em torno de ler livros e "fazer livros". Sempre amei o livro em todas as suas formas e sempre acreditei na função do livro. Para mim o livro tem o poder de mudar as pessoas, e de mudar o mundo. Há 20 anos proclamo o princípio cultural de "Ler mais para ser mais".

Na juventude e mesmo como adulto sempre copiei, recortei ou xeroquei textos de "especial importância" para o desenvolvimento do potencial humano. Formei pastas e pastas desse material informativo — para meu uso e eventualmente para o uso dos amigos. Essa idéia foi inspirada no genial DeWitt Wallace, o fundador da *Reader's Digest* (a nossa *Seleções*) — o projeto editorial de maior sucesso em todo o mundo. DeWitt também, antes de fundar sua revista "praticava" esse singular *hobby* de colecionar recortes de artigos de interesse permanente — aliás, essa foi a idéia que deu origem à sua

O Livro-clipping

O útil *Dicionário de Comunicação*, de Carlos Alberto Rabaça/Gustavo Barbosa, publicado pela Editora Codecri, define a palavra inglesa **clipping**, assim: **1.** Serviço de apuração, coleção e fornecimento de recortes de jornais e revistas sobre um determinado assunto, sobre as atividades de uma empresa ou instituição, sobre determinada pessoa, etc. É realização geralmente da organização, pela agência de RP ou de Publicidade que atende à empresa, ou por uma agência especializada neste tipo de serviço (conhecida como agência *clipper*). **2.** Recorte de jornal. **3.** O conjunto de recortes, recebido pelo interessado."

Sem o saber, inconscientemente, ao colecionar e "organizar" os meus recortes, sempre vinha exercendo o ofício de organizar *clipping*, embora fosse para uma só pessoa — para mim mesmo.

Impulsionado por várias circunstâncias, depois de alguns anos, já como editor, resolvi usar os meus conhecimentos para elaborar esta coleção, usando o mesmo princípio do *clipping*. Dei uma estrutura mais refinada ao material de texto, organizei os assuntos, criei uma capa — e eis o *livro-clipping*. O grande e principal objetivo é difundir conhecimentos especializados, e transformar as pessoas. Sempre fui centrado nessa magnífica obsessão.

Estrutura textual da coleção

Estatísticas nos Estados Unidos revelam a incrível constatação: quase 50% das pessoas que compram livros não os lêem até o final. No Brasil não é diferente. Motivos: além de hábitos culturais improdutivos, descuidos de editoração contribuem para essa lamentável situação.

A coleção **O Poder do Poder** é um esforço para corrigir, qualitativamente, algumas dessas falhas. Minha meta principal é apresentar um novo conceito de fazer livros — o livro-*clipping*. O livro essencializado, de interesse permanente, com texto na medida certa e de agradável diagrama. Livro de fácil leitura.

A coleção é aberta — são aceitas sugestões de títulos e de assuntos. O próprio leitor torna-se um colaborador.

Embora esta coleção tenha estrutura de continuidade, cada livro possui sua autonomia própria. É um livro com começo, meio e fim. Os textos são capítulos essenciais extraídos de publicações nacionais e estrangeiras com afinidade de assunto, formando sinergeticamente um material redacional de grande coerência. A integridade do texto original é totalmente conservada.

Aos leitores que tenham interesse em aprofundar o assunto tratado em cada capítulo, recomendamos a leitura do livro original. Desejamos, mesmo, que os textos de cada capítulo motivem o leitor a uma consulta mais extensa ao livro-matriz. Aliás, esta é a essência do *livro-clipping* — provocar interesse e informar.

Mensagem cultural

A Galáxia de Johann Gutenberg (1400-1468) continua em expansão. A "idade da informática" ilumina mentes e corações. O homem continua sua fantástica escalada cultural. Nesse imenso universo vivo, o livro é a maior fonte de conhecimento e *poder*.

Livro muda as pessoas.
Livro muda o mundo.
"Ler mais para ser mais."

COMO VIVER MAIS
E MELHOR
Linus Pauling
Formato: 14 x 21
400 páginas
Editora Best Seller
C. Postal 9442
São Paulo
1988
(Ver pág. 130)

A Descoberta das Vitaminas

LINUS PAULING

O escorbuto, o beribéri, a pelagra, a anemia perniciosa e o raquitismo são doenças que há milênios causaram um sofrimento enorme e milhões de mortes. Atualmente sabemos que cada uma dessas doenças é resultado de uma deficiência na quantidade de um tipo importante de molécula nos órgãos e nos tecidos do corpo. O escorbuto é resultante de um suprimento insuficiente de vitamina C; o beribéri, de um suprimento insuficiente de vitamina B_1 (tiamina); a pelagra, de um suprimento insuficiente de vitamina B_3 (niacina). A anemia perniciosa resulta de uma quantidade insuficiente de vitamina B_{12} (cobalamina) no sangue, causada pela incapacidade do paciente de sintetizar uma substância que transporta a vitamina através da parede intestinal. O raquitismo (crescimento imperfeito dos ossos) é causado por falta de vitamina D na dieta ou pela exposição insuficiente da pele à luz do sol. Esse conhecimento, obtido apenas nos últimos cem anos, levou a um controle quase total das doenças nos países desenvolvidos e a uma melhora enorme na saúde geral de suas populações.

O escorbuto é conhecido há séculos, mas só após 1911 descobriu-se claramente que sua causa era uma deficiência dietética. Até os anos de 1880, a doença era comum entre os marinheiros a bordo de navios em longas viagens. Também aparecia com freqüência entre os soldados das forças armadas em campanha, em comunidades às vezes com escassez de alimento, em cidades sitiadas, e em cadeias e presídios agrícolas. O escorbuto flagelou os mineiros da Califórnia, 140 anos atrás, e os mineiros do Alasca, há 90 anos.

O princípio do escorbuto é marcado por uma falta de força, por depressão, inquietação e uma exaustão rápida ao se fazer esforço. A pele torna-se amarelada ou escura. O paciente reclama de dor nos músculos. Fica mentalmente deprimido. Posteriormente, seu rosto reflete fadiga. As gengivas supuram, os dentes caem e seu hálito tornase fétido. Grandes hemorragias penetram os músculos e outros tecidos, dando-lhe a aparência de estar todo contundido. Os estágios posteriores da doença são marcados por profunda exaustão, diarréia e problemas pulmonares e renais, levando à morte.

As devastações do escorbuto entre os primeiros viajantes náuticos foram terríveis. Nas viagens longas, os marinheiros comiam basicamente biscoitos, charque bovino e suíno, que continham pouquíssima vitamina C. Entre 9 de julho de 1497 e 30 de maio de 1498, o navegador português Vasco da Gama realizou viagens de descobrimentos da rota marítima entre a África e a Índia, navegando de Lisboa a Calcutá. Durante essa viagem, 100 dos seus 160 tripulantes morreram de escorbuto. No ano de 1577, um galeão espanhol foi encontrado à mercê das ondas no Mar dos Sargaços, com todos a bordo mortos pelo escorbuto. Mais tarde, em 1740, o almirante francês George Anson zarpou com uma esquadra de seis navios tripulados por 961 marinheiros. Por volta de junho de 1741, quando chegou à ilha de Juan Fernandez, o número de marinheiros diminuíra para 335 — mais da metade de seus homens morrera de escorbuto. O conquistador do México, Hernan Cortez, descobriu a Baixa Califórnia em 1536, mas teve que retornar antes de descobrir a Califórnia propriamente, porque seus marinheiros estavam morrendo de escorbuto.

A idéia de que o escorbuto poderia ser prevenido por meio de uma dieta apropriada desenvolveu-se vagarosamente. Em 1536, o explorador francês Jacques Cartier descobriu o rio São Lourenço e navegou corrente acima até o local onde hoje se encontra a cidade de Quebec e ali seus homens passaram o inverno. Vinte e cinco dos homens morreram de escorbuto e muitos outros ficaram bastante doentes. Um indiano amigo aconselhou-os a beber um chá feito de folhas e casca de árvore-da-vida, *Thuja occidentalis*. O tratamento foi benéfico. As folhas ou lascas dessa árvore mostraram posteriormente conter cerca de 50 mg de vitamina C em cada 100 gramas.

O almirante inglês do século 16 Sir John Hawkins descobriu, durante uma viagem bastante longa, que a tripulação sofria de escorbuto apenas devido ao longo tempo em que só comiam alimentos secos. Eles se recuperavam rapidamente tão logo tinham acesso a um suprimento de verduras suculentas, inclusive frutas cítricas.

Uma vez que frutas, verduras e legumes são obviamente o suprimento mais difícil de se manter a bordo de um navio, fazia-se um esforço para encontrar substitutos adequados ao transporte marítimo.

Em 1747, enquanto servia a Marinha britânica, o médico escocês James Lind realizou uma experiência agora famosa com doze pacientes gravemente doentes com escorbuto. Ele os colocou na mesma dieta, exceto por um aspecto: deu-lhes um ou dois remédios famosos que ele estava testando. Para dois pacientes, ele deu duas laranjas e um limão por dia; para outros dois, suco de maçã fermentado; para os outros, ácido sulfúrico diluído, ou vinagre, ou água do mar, ou uma mistura de remédios. No final de seis dias, os dois que receberam frutas cítricas estavam bem, ao passo que os outros dez continuaram doentes. Lind realizou outros estudos, mais tarde descritos em seu livro *A Treatise on Scurvy* (Tratado do Escorbuto) (1753).

As experiências do grande explorador inglês capitão James Cook para controlar o escorbuto são bastante surpreendentes. O pai de Cook era diarista numa fazenda em Yorkshire, e Cook, ainda garoto, mostrava uma capacidade incomum. Com dezoito anos foi aprendiz de um homem do mar, dono de um navio, que o encorajou em seus estudos de matemática e navegação. Ele ingressou então na Marinha e progrediu rapidamente, tornando-se um dos maiores exploradores do mundo.

A história sobre a vida de Cook, lidando com o escorbuto entre seus tripulantes, em suas viagens pelo Pacífico durante o período de 1768 a 1780, é contada por Kodicek e Young no livro *Notes and Records of the Royal Society of London (Anotações e Registros da Sociedade Real de Londres)* (1969). Esses autores citam a seguinte canção do marinheiro T. Perry, tripulante da nau-capitânia de Cook, *H. M. S. Resolution*:

Éramos todos marujos vigorosos, não temíamos resfriados
E estávamos totalmente protegidos de todas as doenças
Graças ao capitão, ele provou ser muito bom
Ao redor de todas as ilhas, dando-nos alimento fresco.

Essa canção, escrita há duzentos anos, indica que os marujos de Cook acreditavam que algo contido no alimento fresco lhes dava proteção contra resfriados, como também contra outras doenças.

Capitão Cook usou muitos agentes contra o escorbuto. Sempre que os navios chegavam a uma costa, ele ordenava aos marujos que juntassem frutas, legumes, bagas e verduras. Na América do Sul, Austrália e no Alasca, juntavam-se folhas de pinheiros e fazia-se uma infusão resultante em cerveja de pinheiro. Pêlo de urtiga e alho-poró eram fervidos com trigo e servidos no café da manhã. Cook iniciou uma viagem com um suprimento de 3.500 kg de chucrute, suficiente para fornecer cerca de 900 g por semana, por um período de um ano, para os setenta homens a bordo de sua primeira nau-capitânia, *Endeavour*. (O chucrute contém uma boa quantidade de vitamina C, cerca de 30 mg por 100 g.) Como resultado dos cuidados de Cook, apesar de alguns homens ficarem doentes, nem um único membro de sua tripulação morreu de escorbuto durante suas três viagens pelo Pacífico, realizadas numa época em que o escorbuto ainda devastava as tripulações da maioria das embarcações em expedições tão prolongadas. As contribuições científicas de Cook foram reconhecidas ao ser eleito membro da Sociedade Real de Londres, que lhe conferiu a Medalha Copley por seu trabalho na prevenção do escorbuto.

Embora o viajante mais inteligente desde a época de Hawkins tivesse manifestado a opinião de que o suco de frutas cítricas — principalmente laranja, limão e lima — era um bom substituto de frutas e vegetais frescos na prevenção do escorbuto, a aceitação pública foi pequena. O suco era caro e difícil de se carregar, de forma que capitães e donos de navio acharam mais conveniente manter-se incrédulos. Na controvérsia, algumas tentativas de se encontrar uma solução incluíram o uso de suco de laranja, limão e lima condensado em xarope. Mas não tiveram sucesso. Hoje sabemos que a maior parte do ácido ascórbico no suco era destruída por aquele processo. A controvérsia sobre o valor do suco de frutas frescas continuou. Finalmente, porém, em 1795, quarenta e oito anos após Lind ter realizado sua notável experiência, o almirantado britânico ordenou que uma ração diária de suco fresco de lima (não condensado em xarope) fosse dada aos marujos. Em pouco tempo, o escorbuto desapareceu da Marinha britânica. A partir dessa prática salutar, o marujo britânico passou a ser chamado de "Lime-juicer" (bebedor de suco de lima), ou "Limey".

Entretanto, os interesses de três empresas permaneceram dominantes na Câmara Britânica de Comércio, e o escorbuto continuou dizimando a Marinha mercante britânica por mais setenta anos. Foi apenas em 1865 qu a Câmara do Comércio aprovou um regulamento similar ao do suco de lima para a Marinha mercante.

Hoje, o escorbuto, complicado por outras doenças de deficiência, é encontrado em populações devastadas pela fome e pela má nutrição, normalmente resultantes da pobreza. Nos Estados Unidos, o escorbuto também ocorre ocasionalmente em pessoas que não são atingidas pela fome: em bebês entre seis e dezoito meses de idade que são alimentados com uma fórmula sem complemento vitamínico, e pessoas como solteiros ou de meia-idade ou idade avançada que, por conveniência e por ignorância, ingerem uma dieta deficiente quanto aos nutrientes essenciais.

E. Cheraskin, W. M. Ringsdorf Jr. e E. L. Sisley, no livro *Vitamin C Connection* (*A Propósito da Vitamina C*) (1983), relatam a história de uma mulher de quarenta e oito anos, na Califórnia, que chegou ao hospital com dor, indigestão e dilatação do abdômen. Num período de quatro anos ela se submetera a seis intervenções cirúrgicas. Todas as vezes o abdômen se encontrava cheio de sangue. Como uma tentativa de prevenir o sangramento periódico, foram retirados seus ovários, apêndice, útero, baço e parte do intestino delgado. Finalmente, após quatro anos, um médico perguntou-lhe o que comia e descobriu que sua dieta basicamente não continha frutas ou vegetais e que não tomava vitaminas complementares. Ela obtinha pouca vitamina C de sua alimentação, mas não o suficiente para manter seus vasos sangüíneos fortes o bastante para prevenir sangramento interno. O nível sangüíneo de vitamina C era apenas de 0,06 mg por decilitro. Passando a ingerir 1.000 mg de vitamina C por dia, ela retomou a saúde normal, limitada não obstante pela cirurgia a que se submeteu (Cook e Milligan, 1977).

Nos Estados Unidos, poucas pessoas desenvolvem esse tipo de escorbuto incipiente. Entretanto, acredito, por motivos discutidos neste livro, que a maioria dos norte-americanos sofre de condições pré-escorbúticas discretas ou até mais graves, e também de deficiências de outros nutrientes essenciais. A ingestão regular de complementos de vitaminas C e outras vitaminas e minerais, além de uma boa dieta e de outras práticas saudáveis, podem levar a uma vida melhor para quase todas as pessoas.

O artigo sobre escorbuto, na 11ª edição da *Enciclopédia Britânica* (1911), diz que a incidência da doença depende da natureza do alimento e que se discute se a causa é a ausência de certos elementos no alimento ou a presença de algum veneno real.

O estudo de uma outra doença de deficiência vitamínica, o beribéri, estava, na ocasião, em uma situação parecida. O beribéri predominava no leste da Ásia, onde o arroz é o alimento base, e também nas ilhas do Pacífico e na América do Sul. A doença envolve paralisia e adormecimento, começando das pernas, e levando a disfunções cardíacas e respiratórias e à morte. Nas Índias Holandesas do Leste, cerca de cem anos atrás, soldados, marinheiros, prisioneiros, mineiros, agricultores e outras pessoas internadas em um hospital por causa de doenças insignificantes estavam morrendo da doença aos milhares. Homens jovens, e que pareciam saudáveis, às vezes morriam repentinamente, com um terrível sofrimento causado pela incapacidade de respirar.

Em 1886, o governo da Holanda pediu ao jovem médico holandês Christiaan Eijkman que estudasse a doença. Em três anos ele progrediu pouco. Então, reparou que as galinhas no galinheiro do laboratório estavam morrendo de uma doença de paralisia, parecendo-se muito com o beribéri. Seus estudos sobre a doença das galinhas de repente tiveram um fim, quando as galinhas que ainda não tinham morrido recuperaram-se e nenhum caso novo teve início. Ao investigar as circunstâncias ele descobriu que o homem que cuidava das galinhas as alimentara, de 17 de junho a 27 de novembro, com arroz beneficiado (com as cascas removidas), preparado na cozinha do hospital militar para pacientes do hospital. Quando um novo cozinheiro assumiu a cozinha, ele não permitiu, como Eijkman relataria em seu discurso ao receber o Prêmio Nobel de fisiologia e medicina em 1929, "que arroz militar fosse comido por galinhas civis". A doença aparecera entre as galinhas em 10 de julho, desaparecendo nos últimos dias de novembro.

Foi imediatamente confirmado que uma dieta constituída de arroz beneficiado causa a morte de galinhas em três ou quatro semanas, ao passo que com arroz integral elas permanecem com boa saúde. Na época foi realizado um estudo com 300.000 prisioneiros em 101 prisões das Índias Holandesas do Leste e soube-se que a incidência do beribéri era trezentas vezes maior nas prisões onde se usava arroz beneficiado como base da dieta.

Eijkan descobriu que poderia retirar um extrato da casca de arroz que tinha ação protetora contra o beribéri. De início ele pensara que alguma substância na casca agisse como um antídoto para uma toxina que se supunha estar presente no arroz beneficiado, mas, por volta de 1907, ele e seu colaborador Gerrit Grijns concluíram que a casca contém uma substância nutriente necessária para uma boa saúde.

Nesse meio-tempo, inúmeros pesquisadores estiveram estudando o valor nutritivo dos alimentos. Foi demonstrado que uma boa saúde depende de certos minerais (compostos de sódio, potássio, ferro, cobre e outros metais) e também de proteínas, carboidratos e gorduras. O bioquímico suíço Lunin descobriu, em 1881, que ratos morriam quando comiam uma mistura de proteína, carboidrato, gordura e minerais purificados, ao passo que os ratos com essa dieta e mais um pouco de leite sobreviviam. Ele concluiu que "um alimento natural como o leite deve, portanto, conter pequenas quantidades de substâncias desconhecidas essenciais à vida, além dos elementos principais". Foram feitas observações parecidas no mesmo laboratório (em Basel), dez anos mais tarde, por um outro bioquímico suíço, Socin, o qual descobriu que pequenas quantidades de gema de ovo ou leite, além de uma dieta purificada, eram bastantes para manter os ratos com boa saúde. Em 1905, o fisiologista holandês Pekelharing descobriu que quantidades bem pequenas de substâncias essenciais desconhecidas no leite eram suficientes para manter os animais com boa saúde. Entre 1905 e 1912, o bioquímico inglês F. Gowland Hopkins desenvolveu estudos parecidos com ratazanas. Seus resultados foram anunciados em 1911 e publicados detalhadamente em 1912. Hopkins dividiu com Eijkman o Prêmio Nobel, em 1929.

Em 1911, Casimir Funk, um bioquímico polonês, trabalhando na época no Instituto Lister de Londres, publicou sua teoria das "vitaminas" baseado em sua análise do conhecimento existente sobre doenças associadas com a nutrição errada. Ele sugeriu que quatro dessas substâncias estão presentes em alimentos naturais e servem para dar proteção contra quatro doenças — beribéri, escorbuto, pelagra e raquitismo. Funk formou a palavra *vitamine* do vocabulário latino *vita* ("vida") e do termo químico *amina*, elemento de uma classe de compostos de nitrogênio que inclui, logicamente, os aminoácidos. Mais tarde, quando se descobriu que algumas dessas substâncias essenciais não contêm nitrogênio, a palavra foi mudada para *vitamin* (vitamina).

Enquanto isso, o pesquisador norte-americano E. V. McCollum estudava elementos nutricionais na Universidade de Wisconsin. Em 1913, ele e seus colaboradores registraram a necessidade de dois elementos alimentares, um solúvel em gordura e um em água. Em 1915 ele os chamou de "A solúvel em gordura" e "B solúvel em água". Foi o início da nomenclatura moderna das vitaminas. A vitamina que previne o escorbuto foi chamada na época de D solúvel em gordura. Quando se soube que a "B solúvel em água" continha não apenas o agente protetor contra beribéri mas também muitos outros, a esses deu-se os nomes de B_1, B_2, e, assim por diante, até B_{17}. Descobriu-se que algumas dessas substâncias não eram vitaminas, por ser incerta sua necessidade para a vida e para a saúde, mas ainda são usadas as denominações B_1, B_2, B_3 e B_{12}.

Nos anos seguintes, inúmeros esforços foram feitos para isolar a vitamina C pura do suco de limão e de outros alimentos. A vitamina pura foi finalmente obtida em 1928, por Albert Szent-Györgyi. Ele estudava um outro problema e, de início, não sabia que sua nova substância era a vitamina C. A ela, deu o nome de ácido hexurônico. Em 1937, foi dado a Szent-Györgyi o Prêmio Nobel de fisiologia e medicina, em reconhecimento a suas descobertas com relação aos processos biológicos de oxidação, com referência especial à vitamina C e ao papel do ácido fumárico nesses processos.

Szent-Györgyi nasceu em Budapeste, em 1893. Lá, estudou medicina e iniciou imediatamente sua carreira como pesquisador nos campos da fisiologia e bioquímica. Na época em que trabalhava na Holanda, em 1922, iniciou um estudo das reações de oxidação que fazem aparecer uma pigmentação marrom em certas frutas, como maçã e banana, quando estas se deterioram. Durante esses estudos, descobriu que os repolhos contêm um agente redutor (agente passível de combinar com o oxigênio) que impede a formação do pigmento marrom, e que as glândulas supra-renais de animais contêm o mesmo agente redutor ou um agente parecido. Devido a seu interesse pelas reações fisiológicas de oxidação-redução, iniciou sua tentativa de isolar esse agente redutor dos tecidos vegetais e das glândulas supra-renais.

Haworth demonstrou, também, as duas reações químicas pelas quais se faz com que o açúcar dextrose, ou glicose, um carboidrato de fórmula $C_6H_{12}O_6$, liberte quatro átomos de hidrogênio para se transformar em $C_6H_8O_6$, com duas moléculas de água como subproduto. Basicamente as mesmas reações são conduzidas pelas células vivas que produzem a vitamina C, e pelos reagentes químicos que produzem a mesma vitamina C "sintética". A própria simplicidade da molécula e sua produção a partir da glicose, o principal combustível que sustenta a vida em células do tecido, sugerem a importância da vitamina C e explicam sua ubiqüidade nos tecidos do corpo.

Dois químicos norte-americanos do século 20, Robert R. Williams e Roger J. Williams, deram importantes contribuições para o nosso conhecimento sobre as vitaminas B. Seus pais eram missionários e eles nasceram na Índia. R. R. Williams analisou durante muitos anos, como diretor de pesquisa química para os Laboratórios Bell Telephone, na cidade de Nova York, problemas como o aperfeiçoamento do isolamento elétrico em cabos submarinos. Ele montou um laboratório em sua casa e usou todo seu tempo livre na tentativa de isolar a substância da casca de arroz que protege contra o beribéri. Após anos de trabalho, ele e seus colaboradores, R. R. Waterman (seu genro), e E. R. Buchman, conseguiram isolar a substância que chamaram de tiamina, determinaram a constituição química e transmitiram as formas de sintetizá-la, tornando-a disponível a um preço baixo para melhorar a saúde de pessoas em todo o mundo.

R. J. Williams, quando professor de química na Universidade Estadual do Oregon, em 1933, descobriu outra vitamina B, que chamou de ácido pantotênico. Posteriormente, na Universidade do Texas, estudou um elemento em concentrados de levedura e de fígado, que outros pesquisadores declararam, em 1931 e 1938, ser eficaz no controle de anemias em animais. Em 1941, R. J. Williams e seus pesquisadores determinaram que o elemento era uma vitamina, que chamaram de ácido fólico.

Em 1916, o médico norte-americano J. Goldberger relatou que a doença pelagra, que causava grande sofrimento e muitas mortes entre as pessoas pobres no sul dos Estados Unidos, poderia ser evitada apenas com uma nutrição melhorada (leite e ovos). Mais tarde, em 1937, o bioquímico norte-americano C. A. Elvehjem e seus pesquisadores da Universidade de Wisconsin mostraram que a niacina ou a niacinamida curava uma doença parecida, a língua-de-papagaio, em cães, e no mesmo ano mostraram que essa substância, a vitamina B_3, curava a pelagra em seres humanos.

Existem histórias interessantes que podem ser relatadas sobre as outras vitaminas. Por exemplo, após terem sido isolados alguns cristais vermelhos de um composto de cobalto, que possui uma ação protetora espantosa contra a anemia perniciosa, os maiores químicos orgânicos do mundo foram incapazes de determinar a constituição química da substância. Atualmente chamada de vitamina B_{12}, é uma molécula complexa contendo 183 átomos de carbono, hidrogênio, nitrogênio, oxigênio, fósforo e cobalto. No final, sua estrutura foi decifrada por uma cristalógrafa de raios X, Dorothy Hodgkin, na Universidade de Oxford. Ela ganhou por esse trabalho o Prêmio Nobel de química em 1964.

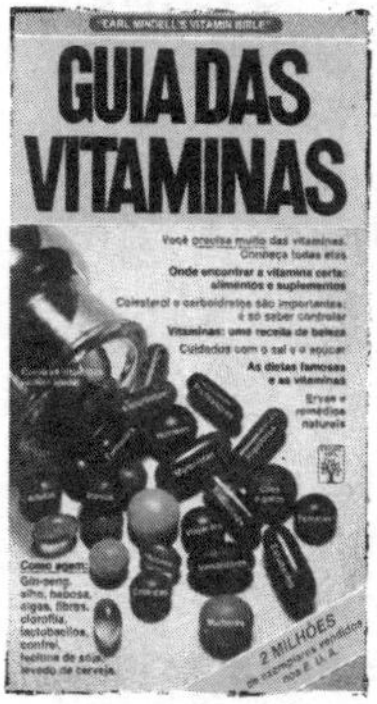

GUIA DAS VITAMINAS
Earl Mindell
Formato: 14 x 21
322 páginas
Editora Abril
C. Postal 2372
São Paulo
1986
(Ver pág. 132)

Conhecendo as Vitaminas

EARL MINDELL

Por que estudei as vitaminas

No que se refere a vitaminas, recebi uma formação acadêmica absolutamente convencional. Meus cursos de farmacologia, química orgânica e inorgânica, bioquímica e saúde pública dificilmente abordavam o assunto, exceto quando tratavam especificamente das doenças causadas pela deficiência de vitaminas. Falta de vitamina C? Escorbuto. Falta de vitamina B_1? Beribéri. Vitamina D insuficiente? Raquitismo. Os cursos faziam as referências de praxe a uma dieta equilibrada e à ingestão de "alimentos certos" (tudo ilustrado com gráficos que não despertavam o menor apetite).

Não havia qualquer referência ao uso de vitaminas para a prevenção de enfermidades ou como caminho para a saúde perfeita.

Em 1965, abri minha primeira farmácia. Até então, não havia me dado conta da quantidade de remédios que as pessoas tomam, não para tratar de doenças, mas simplesmente para chegar ao fim do dia. Um dos meus fregueses tinha receitas de comprimidos capazes de substituir virtualmente todas as funções de seu corpo — e nem sequer estava doente! Meu sócio, naquela época, se interessava muito por vitaminas. Ambos estávamos trabalhando quinze horas por dia, mas só eu parecia trabalhar tanto e me sentia sempre tão cansado. Quando lhe perguntei o seu segredo, ele me disse não ter nenhum. Apenas tomava vitaminas. Compreendi que ele estava falando de algo que tinha muito pouco a ver com escorbuto ou beribéri e muito a ver comigo. Tornei-me imediatamente um aluno entusiasta e jamais me arrependi. Ele me mostrou os benefícios a se extrair dos próprios alimentos naturais sob a forma de vitaminas; como os complexos B e C podem atenuar a estafa; como a vitamina E aumentaria minha energia e resistência; e como a vitamina B_{12} eliminaria meu cansaço. Depois de experimentar os regimes vitamínicos mais elementares, eu estava mais do que convencido: estava convertido.

Subitamente, a nutrição tornou-se a coisa mais importante de minha vida. Eu lia todos os livros que encontrava sobre o assunto, colecionava artigos e pesquisava fontes; desencavei meus textos de escola sobre farmacologia e descobri a íntima relação entre bioquímica e nutrição; e assisti a todas as conferências possíveis sobre saúde. (Foi numa delas que descobri as propriedades rejuvenescedoras do complexo nucléico RNA-DNA. Desde então venho tomando suplementos de RNA-DNA, bem como SOD — Superóxido Dismutase — e DHEA — Deidroepiandrosterona —, um agente natural contra a obesidade e o envelhecimento. Por isso, hoje em dia, a maioria das pessoas me atribui de cinco a dez anos menos do que tenho.) Cada nova descoberta nesse campo me entusiasma.

Um mundo inteiramente novo tinha-se aberto para mim e eu queria que outras pessoas participassem dele. Meu sócio entendeu isso. Começamos a distribuir amostras de complexo B e comprimidos de vitamina B_{12} aos clientes, sugerindo que tentassem diminuir a dependência de tranqüilizantes, energizantes e sedativos, ingerindo vitaminas e alimentos ricos em vitaminas.

Os resultados foram notáveis. As pessoas voltavam para dizer-nos como se sentiam melhores e com mais energia. E em lugar do negativismo e da resignação, que tantas vezes acompanham as terapias medicamentosas, os sentimentos que recebíamos de volta eram positivos. Vi uma jovem, que usara tranqüilizantes durante quase toda a sua vida adulta e vivia correndo de um médico para outro, tornar-se saudável, feliz e independente de remédios; um arquiteto de 60 anos, prestes a se aposentar por problemas de saúde, reencontrar a disposição e aceitar uma encomenda para o que é hoje um dos mais importantes edifícios de escritórios de Los Angeles; um ator de meia-idade, dependente de medicamentos, livrar-se desse hábito e receber um papel coadjuvante muito cobiçado, num seriado de televisão, que ainda lhe rende bons lucros.

Por volta de 1970, eu estava totalmente envolvido com nutrição e medicina preventiva. Observando a pobreza de conhecimento na área, associei-me a outro farmacêutico com o objetivo básico de produzir vitaminas naturais e fornecer informação nutricional correta ao público.

Hoje, como nutricionista, professor e autor, ainda me entusiasma o mundo que revelou-se a mim há mais de vinte anos — e que continua a crescer, com novas descobertas todos os dias — e estou disposto a dividi-lo com os outros.

O que são vitaminas

Cada vez que falo em vitaminas, a primeira coisa em que a maioria das pessoas pensa é em "comprimido", o que lhes traz a idéia errada de que elas sejam remédios. Embora as vitaminas possam agir como remédio — e freqüentemente o fazem — elas não o são. As vitaminas são, simplesmente, substâncias orgânicas necessárias à vida, essenciais para o funcionamento normal do corpo e, com algumas exceções, não podem ser produzidas nem sintetizadas por nosso organismo. São necessárias ao nosso crescimento, vitalidade e bem-estar geral. Em estado natural, elas podem ser encontradas, em quantidades mínimas, em todos os alimentos orgânicos. Devemos obtê-las ingerindo esses alimentos ou suplementos dietéticos.

O que precisa ficar bem claro é que esses suplementos, encontrados sob a forma de comprimidos, cápsulas, líquidos, pós e até mesmo em injeções, não passam de substâncias alimentícias e, com exceção dos sintéticos, provêm de organismos vivos, vegetais e animais.

É impossível manter a vida sem que estejam presentes *todas* as vitaminas essenciais.

O que não são vitaminas

Muitas pessoas pensam que as vitaminas podem substituir os alimentos, mas isso não é verdade. Na realidade, elas não são assimiladas sem a ingestão de alimentos. Há muitas idéias erradas a respeito das vitaminas; espero que este guia consiga esclarecer a maioria delas.

- Vitaminas não são comprimidos energéticos e não têm valor calórico ou energético próprio.
- Vitaminas não são substitutos para proteínas ou quaisquer outros nutrientes, como minerais, gorduras, carboidratos, água ou

mesmo outras vitaminas!

• As vitaminas, em si, não fazem parte da estrutura de nosso corpo.

• Você não pode tomar vitaminas, parar de comer e ter a pretensão de continuar saudável.

Como funcionam

Imagine o nosso corpo como o motor de um automóvel e as vitaminas como as velas de ignição. Isso lhe dará uma boa idéia de como essas pequenas maravilhas alimentícias trabalham para nós.

As vitaminas são componentes de nossos sistemas enzimáticos que, agindo como velas de ignição, põem em funcionamento e regularizam o nosso metabolismo, mantendo-nos em movimento com ótimo desempenho.

Comparado com a ingestão de outros nutrientes — proteínas, gorduras e carboidratos —, nosso consumo de vitaminas (mesmo em alguns regimes de superdosagem) é mínimo. Porém, a deficiência de apenas uma vitamina pode pôr em perigo o organismo inteiro.

Você deve tomar suplementos vitamínicos?

Uma vez que as vitaminas estão presentes em qualquer material orgânico — alguns contêm mais uma do que outra, em maior ou menor quantidade —, você poderia pensar que se comesse os alimentos "certos", em uma dieta bem equilibrada, receberia todas as vitaminas que necessita. E provavelmente estaria certo. O problema é que poucas pessoas têm condições de estabelecer essa dieta ideal. Para o dr. Daniel T. Quingley, o autor de *The National Mal-nutrition*, "qualquer pessoa que, no passado, tenha comido açúcar, farinha refinada ou comida enlatada tem alguma doença carencial e a extensão da carência vai depender da percentagem desse alimento deficiente na dieta."

Na maioria dos restaurantes a comida é requentada ou mantida aquecida sob lâmpadas de raios infravermelhos e, se você os freqüenta assiduamente, corre o risco de ter deficiência de vitaminas A, B e C (e se você for mulher, com idade entre 13 e 40 anos, essas refeições que poupam tempo provavelmente lhe custarão a perda de considerável quantidade de cálcio e ferro).

A maioria dos alimentos que comemos foi processada e empobrecida em nutrientes. Pães e cereais, por exemplo: praticamente todos os que se encontram, hoje em dia, nos supermercados, só são ricos numa coisa: carboidratos. "Mas foram enriquecidos!", dirá você. É o que diz o rótulo: *enriquecidos.*

Enriquecidos? O procedimento normal de enriquecimento para as farinhas refinadas é de substituir os 22 nutrientes naturais que foram retirados por três vitaminas B, vitamina D, sais de cálcio e ferro. Realmente, para um alimento básico, é muito pouco.

Acho que com isso dá para você entender a necessidade dos suplementos.

O que são nutrientes?

São mais do que vitaminas, embora muitas vezes se pense que ambos são a mesma coisa.

Carboidratos, proteínas (constituídas de aminoácidos), gorduras, minerais, vitaminas e água são nutrientes — ou seja, são os componentes absorvíveis dos alimentos, indispensáveis para uma boa saúde. Nutrientes são necessários à produção de energia, ao funcionamento dos órgãos, ao aproveitamento dos alimentos e ao crescimento celular.

Diferença entre micronutrientes e macronutrientes

Por si só, os micronutrientes, como vitaminas e minerais, não fornecem energia. Os macronutrientes — carboidratos, gorduras e proteínas — fazem isso, mas só quando existem micronutrientes em quantidade suficiente para liberá-los.

Varia muito a quantidade de micronutrientes e macronutrientes de que você necessita para ter uma saúde adequada; mas todos são importantes

Como agem os nutrientes

Os nutrientes agem, basicamente, durante a ingestão. A digestão é um processo de simplificação química contínua dos materiais que entram no organismo pela boca. Os materiais são divididos, pela ação enzimática, em fragmentos químicos menores e mais simples, que podem ser absorvidos através das paredes do tubo digestivo — um tubo muscular com as pontas abertas, de mais de nove metros de comprimento, que passa através do corpo —, e finalmente entram na corrente sangüínea.

Compreenda seu sistema digestivo

Saber como funciona seu sistema digestivo lhe permitirá dissipar, desde o início, alguns dos equívocos mais freqüentes sobre como, quando e onde agem os nutrientes.

Boca e esôfago

A digestão começa na boca, com a mastigação e a mistura de saliva. Uma enzima chamada ptialina, presente na saliva, começa, desde esse momento, a dividir os amidos em açúcares mais simples. O alimento é então empurrado para a parte de trás da boca e para dentro do esôfago, ou garganta. É ali que começa a peristalse, um movimento muscular de amassamento semelhante à ordenha, de constrição e relaxamento, que impele o material através do sistema digestivo. Para impedir a regurgitação do material e para regular a liberação das enzimas adequadas — já que uma enzima não pode fazer o trabalho de outra —, o tubo digestivo está equipado com válvulas nas junções importantes.

Estômago

Como sabemos, é a parte mais dilatada do trato digestivo. Mas localiza-se num ponto mais elevado do que a maioria das pessoas costuma pensar, quase todo por trás das costelas inferiores e não abaixo do umbigo; e tampouco ocupa toda a cavidade abdominal. É uma bolsa flexível, cercada de músculos continuamente em movimento, e muda todo o tempo de forma.

Praticamente nada é absorvido através das paredes do estômago, exceto o álcool.

Substâncias líquidas como as sopas saem muito rapidamente do estômago. As gorduras permanecem mais tempo. Uma refeição comum, de carboidratos, proteínas e gorduras, abandona o estômago depois de três a cinco horas. As glândulas estomacais e as células especializadas produzem muco, enzimas, ácido clorídrico e um fator que possibilita à vitamina B_{12} difundir-se através das paredes intestinais e penetrar na circulação. Um estômago normal é muito ácido e o suco gástrico — que é a mistura especial do estômago — é formado por diversas substâncias:

Pepsina: enzima predominante no estômago, é um digestor poderoso de carnes e outras proteínas, sendo ativa somente em um meio ácido.

Renina: substância que faz talhar o leite.

Ácido clorídrico (HCl): é produzido pelas células do estômago e cria o seu meio ácido.

O estômago não é absolutamente indispensável à digestão. A maior parte do processo digestivo ocorre fora dele.

Intestino delgado

No intestino delgado, que tem cerca de sete metros de comprimento, a digestão se completa; nele ocorre, virtualmente, toda a absorção de nutrientes. Seu meio é alcalino, produzido pela bile — que é altamente alcalina —, pelo suco pancreático e pelas secreções das paredes intestinais. O meio alcalino é necessário para o trabalho mais importante da digestão e absorção. O *duodeno*, que começa na saída do estômago, é a primeira parte do intestino delgado. Depois dele vem o *jejuno* (com cerca de três metros de comprimento), que se une ao *íleo* (três a quatro metros de comprimento). Quando o conteúdo semilíquido do intestino delgado é empurrado, devido à ação peristáltica, costumamos dizer que nosso estômago está roncando. Na realidade, nosso estômago fica acima desses roncos (chamados borborigmos), mas mesmo que se saiba a verdade dos fatos é duvidoso que a frase mude.

Intestino grosso (cólon)

Qualquer material que sai do íleo e entra no ceco (onde o intestino delgado e o grosso se ligam) está quase líquido. Nessa junção há uma válvula muscular que impede que o material retorne.

Muito pouca coisa é absorvida no intestino grosso, exceto água.

O cólon é, essencialmente, um órgão de armazenamento e de desidratação. As substâncias, que entram em estado líquido, tornam-se semi-sólidas à medida que a água vai sendo absorvida. São necessárias de doze a quatorze horas para que o conteúdo do intestino grosso faça seu circuito completo.

Ao contrário do estômago, que é inteiramente asséptico, o cólon é abundantemente habitado por bactérias, a flora intestinal normal. Uma grande parte das fezes é composta por bactérias, juntamente com material não digerível — principalmente celulose — e substâncias eliminadas do sangue e expelidas através das paredes intestinais.

Fígado

O fígado é o maior órgão sólido do organismo, pesando cerca de dois quilos. Fábrica química incomparável, pode modificar praticamente todas as estruturas químicas. É um poderoso órgão desintoxicador, pois neutraliza inúmeras moléculas tóxicas e as torna inofensivas. É também um reservatório de sangue e um órgão de armazenamento das vitaminas A e D, e do carboidrato digerido (glicogênio), liberado no sangue para manter as taxas normais de açúcar. Produz enzimas, colesterol, proteínas, vitamina A (do caroteno) e fatores de coagulação sangüínea.

Uma das principais funções do fígado é produzir bile. A bile contém sais que promovem a digestão eficiente das gorduras através de uma ação detergente, pois emulsiona as matérias graxas.

Vesícula

Esse é um órgão de armazenamento em forma de bolsa, com cerca de oito centímetros de comprimento. Retém a bile, modifica-a quimicamente e concentra-a em uma proporção de dez para um. O sabor, ou às vezes até mesmo a visão da comida, pode ser suficiente para esvaziá-la. Os constituintes dos fluidos da vesícula às vezes cristalizam, formando cálculos.

Pâncreas

Essa glândula tem cerca de quinze centímetros de comprimento e se aloja na curva do duodeno. Seus cachos de células produzem a insulina, que acelera a combustão de açúcar no organismo. A insulina é liberada no sangue, não no tubo digestivo. A maior parte do pâncreas produz e segrega suco pancreático, que contém algumas das mais importantes enzimas digestivas do organismo: as *lipases*, que rompem as gorduras; as *proteases*, que quebram as proteínas; e as *amilases*, que dividem os amidos.

Você conhece as vitaminas?

Como houve um tempo em que ninguém conhecia a estrutura química das vitaminas e, portanto, não era possível darlhes nomes científicos apropriados, a maioria delas foi designada por uma letra do alfabeto. As vitaminas hoje conhecidas estão relacionadas abaixo; muitas mais ainda serão descobertas.

Vitamina A (caroteno, retinol); vitaminas do complexo B: B_1 (tiamina), B_2 (riboflavina), B_3 (niacina, niacinamida), B_4 (adenina), B_5 (ácido pantotênico), B_6 (piridoxina), B_{10}, B_{11} (fatores do crescimento), B_{12} (cobalamina, cianocobalamina), B_{13} (ácido orótico), B_{15} (ácido pangâmico), B_{17} (amigdalina), Bc (ácido fólico), BT (carnitina), Bx ou PABA (ácido para-aminobenzóico); colina; inositol; vitamina C (ácido ascórbico); vitamina D (calciferol, viosterol, ergosterol); vitamina E (tocoferol); vitamina F (ácidos graxos); vitamina G (riboflavina); vitamina H (biotina); vitamina K (menadiona); vitamina L (necessária para a amamentação); vitamina M (ácido fólico); vitamina P (bioflavonóides); vitamina PP (niacinamida); vitamina P_4 (trioxirutina); vitamina T (substâncias que promovem o crescimento); vitamina U (extraída do suco do repolho).

Você conhece os minerais?

Embora sejam aproximadamente dezoito os minerais conhecidos necessários à manutenção do corpo e às funções reguladoras, só foram estabelecidas recomendações de quotas dietéticas diárias para seis deles: cálcio, iodo, ferro, fósforo, magnésio e zinco.

Os minerais ativos em seu organismo são: cálcio, cloro, cobalto, cobre, cromo, enxofre, ferro, flúor, fósforo, iodo, magnésio, manganês, molibdênio, potássio, selênio, sódio, vanádio e zinco.

Seu corpo precisa de coesão

Por mais importantes que sejam as vitaminas, nada podem fazer por você sem os minerais. Gosto de chamar os minerais de "cinderelas" do mundo da nutrição, porque, embora poucas pessoas saibam disso, as vitaminas não funcionam e não são assimiladas sem a ajuda dos minerais. E apesar de o corpo sintetizar algumas vitaminas, não pode fabricar *um único* mineral.

Fatos esclarecedores sobre a nutrição

- Um cigarro destrói 25-100 mg de vitamina C!
- Leite com vitamina D sintética (isto é, quase todo o leite vendido nos Estados Unidos) pode privar o corpo de magnésio!
- Pessoas que vivem em cidades com muita nebulosidade não recebem a mesma quantidade de vitamina D que seus primos do campo, porque a nebulosidade absorve os raios ultravioleta do sol!
- Mais de um aperitivo por dia pode causar carência de vitaminas B_1, B_6 e ácido fólico!
- Oitenta por cento das mulheres norte-americanas têm deficiência de cálcio!
- Dez milhões de mulheres norte-americanas tomam anticoncepcionais por via oral, e quase todas não se dão conta de que a pílula pode interferir com a disponibilidade das vitaminas B_6, B_{12}, ácido fólico e vitamina C!
- Na classificação mundial da saúde, os homens norte-americanos estão em décimo segundo lugar e as mulheres em sexto!
- As crianças precisam entre meia e duas vezes mais proteínas, proporcionalmente ao seu peso, do que os adultos — e os bebês precisam de três vezes mais!
- Pesquisadores de câncer do Instituto de Tecnologia de Massachusetts descobriram que as vitaminas C, E e determinadas substâncias químicas chamadas "indol", encontradas no repolho, na couve-de-bruxelas e em plantas correlatas da família das crucíferas, são inibidoras potentes e aparentemente seguras de alguns cancerígenos!
- A vitamina B_1 pode ajudar a

evitar o enjôo em viagens aéreas e marítimas!

- Se você estiver fazendo uma dieta de alto teor protéico, sua necessidade de vitamina B_6 *aumenta*!
- Cebola, alho, rabanete e alho-poró contêm um antibiótico natural chamado "alicina", que pode destruir germes patogênicos sem eliminar as bactérias úteis!
- A aspirina pode triplicar a velocidade de excreção da vitamina C!
- Dezoito metades de nozes-pecã podem fornecer todo o suprimento diário de vitamina F!

Algumas perguntas e suas respostas

Ultimamente tenho visto uma boa quantidade de suplementos de aminoácidos em mercearias macrobióticas. Esses suplementos são considerados nutrientes? São tão importantes quanto as vitaminas?

Sim. Sem dúvida! Os aminoácidos são os componentes de um de nossos nutrientes mais importantes: a proteína.

Cada uma das células de nosso corpo contém (e necessita de) proteína. Essa proteína serve para formar novos tecidos e reparar células danificadas e, também, para produzir hormônios e enzimas, manter o equilíbrio do conteúdo ácido-alcalino do sangue e eliminar os resíduos indesejados, além de muitas outras coisas. Ao ser digerida, a proteína é decomposta em partes menores chamadas aminoácidos. Quando esses aminoácidos chegam às células de seu corpo, eles novamente formam proteína. É um ciclo maravilhoso.

Vitaminas e aminoácidos são igualmente importantes para a nutrição; um de nada vale sem a presença do outro na quantidade necessária.

Segundo estimativa do Instituto Nacional de Segurança Ocupacional e Saúde dos EUA (NIOSH), um entre quatro trabalhadores fica exposto a substâncias consideradas perigosas. Que trabalhos são esses e que suplementos esses trabalhadores deveriam tomar?

Eu não poderia mencionar todos os tipos de trabalho; relacionarei apenas alguns deles:

Engenheiros eletricistas, eletricistas e gráficos. Exposição a dispositivos eletrônicos, lâmpadas fluorescentes, desinfetantes, aparelhos de medição ou a certos tipos de tintas e corantes pode ocasionar contato com mercúrio inodoro, o que pode provocar distúrbios emocionais e até mesmo a morte.

Secretárias e recepcionistas. Algumas máquinas duplicadoras desprendem gases que podem causar problemas visuais, cansaço e cefaléia. Algumas mesas telefônicas podem desprender ozona, um gás incolor que pode provocar distúrbios respiratórios.

Empapeladores. Há papéis de parede revestidos com cloreto de vinil, produto químico facilmente inalável e que, aparentemente, é cancerígeno.

Dentistas, odontólogos. O amálgama de prata, freqüentemente usado em obturações, contém mercúrio e pode desprender gases. Segundo estimativa do Instituto de Segurança Ocupacional, existem níveis perigosos de mercúrio em um entre cada dez consultórios dentários.

Mecânicos. Quem trabalha com máquinas cuja limpeza é feita com solventes, pode inalar gases possivelmente prejudiciais à saúde, causando inflamações da pele e distúrbios do fígado e dos rins.

Trabalhadores com amianto. Calcula-se que 45% dos operários que trabalham com isolamento com amianto sofrerão de algum tipo de câncer.

Em qualquer uma dessas ocupações, deve-se tomar suplementos antioxidantes diariamente: vitaminas A, C, E e selênio!

Tudo sobre vitaminas

Vitamina A

Fatos:

- A vitamina A é lipossolúvel. Necessita de gorduras e minerais para ser adequadamente absorvida pelo aparelho digestivo. Como pode ser armazenada no organismo, não precisa ser fornecida diariamente.
- Ocorre de duas maneiras: vitamina A pré-formada, ou retinol (encontrada apenas nos alimentos de origem animal), e provitamina A, conhecida como caroteno (encontrada em alimentos de origem animal e vegetal).
- A vitamina A é medida em unidades USP (United States Pharmacopea), UI (Unidades Internacionais) e, mais recentemente, ER (Equivalente em Retinol). Para evitar deficiência em homens adultos recomenda-se a dosagem diária de 1.000 ER (ou 5.000 UI). Para mulheres, 800 ER (4.000 UI). Durante a gravidez são necessárias 200 ER (1.000 UI) adicionais, e para mães que amamentam recomenda-se mais 400 ER (2.000 UI).

O que ela pode fazer por você:

- Combater a cegueira noturna, a vista fraca e auxiliar no tratamento de diversos problemas visuais (permite a formação de púrpura visual no olho).

- Criar resistência às infecções respiratórias.
- Encurtar a duração das enfermidades.
- Manter saudáveis as camadas externas de nossos tecidos e órgãos.
- Ajudar a remover as manchas da velhice.
- Propiciar o crescimento, ossos fortes e pele, cabelo, dentes e gengivas saudáveis.
- Auxiliar no tratamento da acne, impetigo, furúnculos, carbúnculos e úlceras abertas, quando aplicada externamente.
- Ajudar no tratamento do enfisema e do hipertireoidismo.

Doenças causadas pela deficiência:

- Xeroftalmia, cegueira noturna.

Melhores fontes naturais:

- Óleo de fígado de peixe, fígado, cenoura, vegetais verdes e amarelos, ovo, leite e laticínio, margarina, frutos amarelos.

Suplementos vitamínicos:

- Normalmente encontrada em duas formas, uma proveniente do óleo natural de fígado de peixe e outra dispersível na água. Os suplementos dispersíveis na água são acetatos ou palmitatos, recomendados para todos aqueles que apresentam intolerância ao óleo, particularmente as pessoas que sofrem de acne.
- Às vezes, o ácido da vitamina A (tretinoína A) é receitado no tratamento da acne, mas só pode ser adquirido com receita médica. As doses diárias mais comuns são de 10.000 a 25.000 UI.

Toxicidade:

- Mais de 100.000 UI por dia — se tomados durante muitos meses — podem produzir efeitos tóxicos em adultos.
- Mais de 18.500 UI diários podem produzir efeitos tóxicos em crianças (uma xícara de cenouras cortadas e cozidas também contém 15.000 UI de vitamina A).
- Os sintomas de toxicidade incluem perda de cabelo, náusea, vômitos, diarréia, pele escamosa, visão turva, exantemas, dores ósseas, menstruação irregular, cansaço, dores de cabeça e aumento do volume do fígado.

Inimigos:

- Os ácidos graxos polinsaturados agem com o caroteno contra a vitamina A, a não ser que existam antioxidantes presentes.

Recomendação pessoal:

- Você precisa de pelo menos 10.000 UI diárias de vitamina A, caso esteja tomando mais de 400 UI de vitamina. E por dia.
- Se você toma pílula anticoncepcional, sua necessidade de vitamina A *diminui.*
- Se sua dieta semanal inclui

grandes quantidades de fígado, cenoura, espinafre, batata-doce ou melão, é pouco provável que precise de um suplemento de vitamina A.

• Não tome vitamina A com óleo mineral.

• A vitamina A é mais eficiente junto com o complexo B, vitaminas D e E, cálcio, fósforo e zinco. É de zinco que o fígado precisa para retirar vitamina A de seu depósito de reserva.

• A vitamina A protege a vitamina C contra oxidação.

• Não acrescente vitamina A à dieta de seu cão ou gato, a não ser que um veterinário aconselhe expressamente.

• Se estiver tomando algum remédio com colestiramina para reduzir o colesterol, sua absorção de vitamina A ficará reduzida e você provavelmente precisará de um suplemento.

• Para evitar acúmulo no organismo, tome suplemento apenas durante cinco dias da semana — depois pare durante dois dias.

Vitamina B_1 (tiamina)

Fatos:

• Solúvel na água. Como todas as vitaminas do complexo B, qualquer excesso é excretado e não armazenado no organismo. Deve ser reposta diariamente.

• Medida em miligramas (mg).

• As vitaminas B são sinérgicas — isto é, são mais potentes juntas do que quando usadas separadamente. A B_1, a B_2 e a B_6 devem ter equilíbrio equitativo (ou seja, 50 mg de B_1, 50 mg de B_2 e 50 mg de B_6) para que funcionem eficazmente.

• A dose média diária recomendada para os adultos é de 1,0 a 1,5 mg. Durante a gravidez e o aleitamento, recomendam-se doses de 1,4 a 1,6 mg.

• A necessidade aumenta durante as enfermidades, a estafa e em cirurgias.

• É conhecida como a "vitamina da disposição" devido aos efeitos benéficos sobre o sistema nervoso e disposição mental.

• Tem um leve efeito diurético.

O que ela pode fazer por você:

• Estimular o crescimento.

• Ajudar a digestão, particularmente de carboidratos.

• Melhorar sua atitude mental.

• Manter o funcionamento normal do sistema nervoso, dos músculos e do coração.

• Ajudar a combater o enjôo.

• Aliviar as dores dentárias pós-operatórias.

• Auxiliar no tratamento da herpes-zóster.

Doenças causadas pela deficiência:

• Beribéri

Melhores fontes naturais:

• Levedura seca, farelo de arroz, trigo integral, cereais, amendoim, carne de porco, a maioria dos vegetais, farelo de trigo, leite.

Suplementos vitamínicos:

• Normalmente encontrada em dosagem de baixa e alta concentração — em geral de 50 mg, 100 mg e 500 mg. Sua eficácia é maior nas fórmulas de complexo B, balanceadas com B_2 e B_6. É ainda mais efetiva quando a fórmula contém o antiestafa ácido pantotênico, ácido fólico e vitamina B_{12}. As doses diárias mais comuns são de 100 mg e 300 mg.

Toxicidade:

• Não há toxicidade conhecida para essa vitamina solúvel na água. Qualquer excesso é excretado pela urina; não é armazenada de forma alguma em tecidos ou órgãos.

• Sintomas raros de dosagens excessivas incluem tremores, herpes, edema, nervosismo, batimento cardíaco rápido e alergias.

Inimigos:

• O calor do fogo destrói facilmente esta vitamina B. Outros inimigos da B_1 são a cafeína, o álcool, os métodos de processamento de alimentos, ar, água, estrógeno, antiácidos e medicamentos com sulfa.

Recomendação pessoal:

• Se você é fumante, gosta de bebidas alcoólicas ou consome muito açúcar, precisa de uma quantidade maior de vitamina B_1.

• Se está grávida, amamentando ou tomando pílula anticoncepcional, tem uma maior necessidade desta vitamina.

• Se você tem o hábito de tomar antiácido após as refeições, estará perdendo a tiamina que conseguiu do alimento.

• Em todas as situações de estafa — enfermidade, ansiedade, trauma, períodos pós-cirúrgicos — sua dose diária de complexo B, que inclui tiamina, deve ser aumentada.

Vitamina B_2 (riboflavina)

Fatos:

• Solúvel na água, de fácil absorção. A quantidade excretada depende das necessidades do organismo e pode ser acompanhada por perda de proteína. Tal como as outras vitaminas B, não é armazenada e deve ser reposta regularmente através de alimentos integrais ou suplementos.

• Também é conhecida como vitamina G.

• Mede-se em miligramas (mg).

• Ao contrário da tiamina, a riboflavina *não* é destruída pelo calor, oxidação ou ácidos.

• Para adultos normais, a dose

diária recomendada (DDR) é de 1,2 a 1,7 mg. Quantidades um pouco mais altas são sugeridas durante a gravidez e a amamentação.

• A necessidade aumenta em situações de estafa.

• A deficiência vitamínica mais comum nos Estados Unidos é a de riboflavina.

O que ela pode fazer por você:

• Ajudar o crescimento e a reprodução.

• Formar pele, unhas e cabelos saudáveis.

• Ajudar a resolver o problema de boca, lábios e língua doloridos.

• Beneficiar a visão e aliviar o cansaço dos olhos.

• Funcionar com outras substâncias para metabolizar os carboidratos, as gorduras e as proteínas.

Doenças causadas pela deficiência:

• Ariboflavinose (lesões na boca, lábios, pele e órgãos genitais)

Melhores fontes naturais:

• Leite, fígado, rim, levedura, queijo, verduras, peixe, ovo.

Suplementos vitamínicos:

• Encontrada em alta e baixa concentração, mais freqüentemente de 100 mg (EUA). Como a maioria das vitaminas do complexo B, é mais eficaz quando está incluída em uma fórmula bem equilibrada com as outras vitaminas B.

• As doses diárias mais freqüentes são de 100 mg e 300 mg.

Toxicidade:

• Não se conhecem efeitos tóxicos.

• Possíveis sintomas de doses acima do normal incluem coceira, torpor, sensação de afogueamento ou de formigamento.

Inimigos:

• Luz — especialmente ultravioleta — e álcalis são destrutivos para a riboflavina. Por exemplo: a luz destrói a riboflavina existente no leite acondicionado em garrafas transparentes; o mesmo não acontece no leite embalado em caixas opacas. Outros inimigos naturais são a água (a vitamina B_2 se dissolve nos líquidos de cozimento), medicamentos que contêm sulfa, estrógeno e álcool.

Recomendação pessoal:

• Se você está tomando pílula anticoncepcional, se está grávida ou amamentando, tem maior necessidade de vitamina B_2.

• Se come pouca quantidade de carne vermelha ou de laticínios, deve aumentar sua dosagem.

• Há uma forte probabilidade de você ter deficiência de vitamina B_2 se faz uma dieta restrita e prolongada para úlcera ou diabetes (se você está sob tratamento médico para uma enfermidade específica, converse com seu médico antes de alterar seu regime alimentar atual ou de iniciar um regime diferente).

• Todas as condições de estafa exigem dosagens adicionais de complexo B.

• Esta vitamina é mais eficiente se ingerida junto com as vitaminas B_6, C e a niacina.

• Se você estiver tomando algum antineoplásico (anticâncer) com metotrexate, a vitamina B em excesso pode diminuir o efeito do medicamento.

Vitamina B_6 (piridoxina)

Fatos:

• Solúvel na água. É excretada cerca de oito horas após a ingestão e, como as outras vitaminas B, precisa ser reposta através de alimentos integrais, ou de suplementos.

• A vitamina B_6 é, na realidade, um grupo de substâncias: piridoxina, piridoxal e piridoxamina. Essas substâncias estão intimamente associadas e funcionam juntas.

• Mede-se em miligramas (mg).

• Sua necessidade aumenta nas dietas com alto teor protéico.

• Tem de estar necessariamente presente para a produção de anticorpos e de células vermelhas do sangue.

• Há indicações de sua síntese pelas bactérias intestinais e de que isso ocorre em conseqüência de uma dieta vegetal suplementada com celulose.

• A dosagem diária recomendada para os adultos é de 1,6 a 2,0 mg; sugerem-se doses mais altas durante a gravidez e a amamentação.

• É essencial para a absorção adequada da vitamina B_{12}.

• Necessária à produção de ácido clorídrico e magnésio.

O que ela pode fazer por você:

• Assimilar adequadamente a proteína e a gordura.

• Ajudar na conversão do triptofano, que é um aminoácido essencial, em niacina.

• Contribuir para evitar diversas perturbações nervosas e da pele.

• Aliviar a náusea (muitas das fórmulas para mal-estar matinal prescritas pelos médicos incluem vitamina B_6).

• Promover a síntese de ácidos nucléicos antienvelhecimento.

• Ajudar a reduzir a secura na boca e problemas para urinar causados por antidepressivos tricíclicos.

• Reduzir espasmos musculares noturnos, cãibras nas pernas, dormência nas mãos e algumas formas de neurite nas extremidades.

• Funcionar como diurético natural.

Doenças causadas pela deficiência:

• Anemia, dermatite seborréica, glossite.

Melhores fontes naturais:

• Lêvedo de cerveja, farelo de trigo, germe de trigo, fígado, rim, coração, melão, repolho, melado, leite, ovo, carne.

Suplementos vitamínicos:

• Disponível em diferentes dosagens — de 50 mg a 500 mg — em forma individual, na forma de complexos B e nas fórmulas multivitamínicas.

• Para evitar que ocorram deficiências em outras vitaminas B, a piridoxina deve ser tomada em quantidades iguais com as vitaminas B_1 e B_2.

• Pode ser adquirida em fórmulas de dissolução lenta, que asseguram liberação gradual por período de até dez horas (EUA).

Toxicidade:

• Doses diárias de 2 g a 10 g podem causar distúrbios neurológicos.

• Possível sintoma de excesso de vitamina B_6 é a inquietação noturna e lembranças extremamente vívidas dos sonhos.

• Não se recomendam doses acima de 500 mg.

Inimigos:

• Armazenamento prolongado, armazenamento em lata, o processo de assar ou cozinhar a carne, água, técnicas de processamento de alimentos, álcool, estrógeno.

Recomendação pessoal:

• Se você usa pílula anticoncepcional, é muito provável que necessite de doses maiores de vitamina B_6.

• Os consumidores de grandes quantidades de proteína precisam de doses maiores de vitamina B_6.

• Quem sofre de artrite e está se tratando com medicamento que tem penicilamina, deve tomar suplementos de B_6.

• Esta vitamina é mais eficiente quando tomada com as vitaminas B_1, B_2, o ácido pantotênico, a vitamina C e magnésio.

• Suplementos desta vitamina *não* devem ser tomados por aqueles que estiverem sob tratamento com levodopa para o mal de Parkinson (consulte seu médico sobre Sinemet, um medicamento que pode evitar essa interação adversa com vitamina).

Vitamina B_{12} (cobalamina)

• Solúvel na água e eficaz em doses muito reduzidas.

• Comumente conhecida como a "vitamina vermelha" e também como cianocobalamina.

• Mede-se em microgramas (mcg).

• É a única vitamina que contém elementos minerais essenciais.

• Não é bem assimilada pelo estômago. Precisa ser associada ao cálcio durante a absorção para beneficiar adequadamente o organismo.

• A dose recomendada para adultos é de 3 mcg, sugerindo-se quantidades maiores para gestantes e lactantes.

• Uma dieta baixa em vitamina B_1 e alta em ácido fólico (como a vegetariana) freqüentemente mascara uma deficiência em vitamina B_{12}.

• Uma glândula tireóide que funcione perfeitamente, ajuda a boa absorção da vitamina B_{12}. Os sintomas de deficiência em B_{12} podem levar mais de cinco anos para aparecer após esgotadas as reservas do organismo.

O que ela pode fazer por você:

• Formar e regenerar células vermelhas do sangue, prevenindo a anemia.

• Promover o crescimento e estimular o apetite das crianças.

• Aumentar a energia.

• Manter o sistema nervoso saudável.

• Utilizar adequadamente as gorduras, carboidratos e proteínas.

• Amenizar a irritabilidade.

• Aumentar a capacidade de concentração, memória e equilíbrio.

Doenças causadas pela deficiência:

• Anemia perniciosa, lesão cerebral

Melhores fontes naturais:

• Fígado, carne bovina e suína, ovo, leite, queijo, rim.

Suplementos vitamínicos:

• Como a vitamina B_{12} não é bem absorvida através do estômago, recomendo a forma sublingual ou a de liberação gradual acompanhada de sorbitol, para que possa ser assimilada no intestino delgado (EUA).

• Os suplementos de vitamina B_{12} podem ser encontrados em diversas doses, de 50 mcg a 2 mil mcg (EUA).

• Normalmente os médicos prescrevem injeções de vitamina B_{12}. Se existe indicação de deficiência grave ou de extremo cansaço, esse método poderá ser a suplementação mais indicada.

• As doses diárias mais usadas são de 5 mcg a 100 mcg.

Toxicidade:

• Não há registro de casos de toxicidade da vitamina B_{12}, mesmo em regimes de altas dosagens.

Inimigos:

• Ácidos e álcalis, água, luz solar, álcool, estrógeno, comprimidos para dormir.

Recomendação pessoal:

• Se você for vegetariano e excluiu ovos e laticínios de sua dieta, precisa de suplementação de vitamina B_{12}.

• Associada ao ácido fólico, a vitamina B_{12} pode ser um revitalizador eficiente.

• Por estranho que pareça, grandes consumidores de proteínas podem precisar, também, de doses extras desta vitamina, que funciona sinergicamente com quase todas as outras vitaminas B, da mesma forma que com as vitaminas A, E e C.

• Para mulheres, a vitamina B_{12} pode ser útil — como parte integrante do complexo B — um pouco antes e durante a menstruação.

Vitamina B_{13} (ácido orótico)

Fatos:

• Ainda não está disponível no mercado, mas pode ser obtida em combinação com sais minerais.

• Metaboliza o ácido fólico e a vitamina B_{12}.

• Não foi estabelecida uma dosagem diária recomendada.

O que ela pode fazer por você:

• Possivelmente, prevenir determinados problemas do fígado e envelhecimento precoce.

• Ajudar no tratamento de esclerose múltipla.

Doenças Causadas pela Deficiência:

• Os sintomas de deficiência e enfermidades relacionadas a esta vitamina ainda são incertos.

Melhores fontes naturais:

• Vegetais de raiz, soro do leite.

Suplementos vitamínicos:

• Disponível como orotato de cálcio na forma de suplemento vitamínico (EUA).

Toxicidade:

• Não é possível estabelecer determinantes, pois ainda sabe-se muito pouco sobre esta vitamina.

Inimigos:

• Água, luz solar.

Recomendação pessoal:

• Esta vitamina não foi suficientemente pesquisada para que se possam fazer recomendações.

B_{15} (ácido pangâmico)

Fatos:

• Solúvel na água.

• Como não está provado que sua necessidade na dieta é essencial, ela não é uma vitamina *stricto sensu.*

• Mede-se em miligramas (mg).

• Funciona basicamente como

a vitamina E, no sentido de ser um antioxidante.

• Foi introduzida pelos soviéticos, que estão impressionados com os resultados. A Administração de Alimentos e Medicamentos dos EUA, porém, a mantém fora do mercado norte-americano, tanto na forma de ácido pangâmico como na de cálcio pangâmico.

• É mais eficaz quando tomada com as vitaminas A e E.

*O que ela pode fazer por você *:*

• Ampliar o tempo de vida da célula.

• Neutralizar o desejo imperioso de tomar bebidas alcoólicas.

• Acelerar a recuperação do cansaço.

• Baixar as taxas do colesterol no sangue.

• Proteger contra os poluentes.

• Aliviar sintomas de angina e asma.

• Proteger o fígado contra a cirrose.

• Impedir ressacas.

• Estimular as respostas imunológicas.

• A auxiliar na síntese de proteínas.

Doenças causadas pela deficiência:

• Mais uma vez as pesquisas têm sido limitadas, mas há indicações de ocorrência de perturbações glandulares e nervosas, enfermidade cardíaca e diminuição da oxigenação dos tecidos vivos.

Melhores fontes naturais:

• Lêvedo de cerveja, arroz integral, grãos integrais, semente de abóbora, semente de gergelim.

Suplementos vitamínicos:

• Encontrada em dosagens de 50 mg (EUA).

• As doses diárias mais usadas são de 50 mg a 150 mg.

Toxicidade:

• Não houve registro de casos de toxicidade. Algumas pessoas afirmam que tiveram sensação de náusea ao começar um regime de vitamina B_{15}, mas em geral esse sintoma desaparece depois de alguns dias e pode ser aliviado se o suplemento for tomado após a maior refeição do dia.

Inimigos:

• Água, luz solar.

Recomendação pessoal:

• Apesar da controvérsia, acho que a vitamina B_{15} é eficiente e acredito que a maioria das dietas se beneficiaria com essa suplementação (o dr. Atkins prescreve-a para todos os que estão seguindo sua dieta superenergética).

* *Esta lista foi estabelecida a partir dos estudos que realizei dos testes soviéticos.*

• Se você é atleta ou apenas deseja sentir-se como um atleta, sugiro um comprimido de 50 mg com o café da manhã e um à noite, com o jantar.

• Este suplemento é importante para os habitantes de grandes cidades e áreas muito poluídas.

Vitamina B_{17} (letril)

Fatos:

• Uma das "vitaminas" mais controvertidas da década.

• Quimicamente, é um composto de duas moléculas de açúcar (uma de benzaldeído e outra de ácido cianídrico) chamado "amigdalina".

• Conhecido como nitrilosídeo quando usado em dosagens terapêuticas.

• É produzida a partir do caroço de pêssego.

• Esta é uma vitamina B que não está presente no lêvedo de cerveja.

• Até hoje não foi aceita como tratamento para o câncer na maior parte dos Estados Unidos — é legal em 24 estados. Foi rejeitada pela Administração de Alimentos e Medicamentos dos EUA com a justificativa de que pode ser venenosa devido ao seu conteúdo de cianeto.

O que ela pode fazer por você:

• É reputada como tendo propriedades específicas de prevenção e controle do câncer.

Doenças causadas pela deficiência:

• Pode levar a uma menor resistência ao câncer.

Melhores fontes naturais:

• Uma pequena quantidade de letril é encontrada nas amêndoas dos caroços de abricó, maça, cereja, pêssego, ameixa e nectarina.

Suplementos vitamínicos:

• As doses diárias mais utilizadas são de 0,25 g a 1,00 g.

Toxicidade:

• Embora ainda não tenham sido estabelecidas taxas de toxicidade, a ingestão de doses excessivas de letril pode ser perigosa. Doses cumulativas de mais de 3 g podem ser ingeridas sem risco, mas não mais de 1 g por vez.

• De acordo com o *Nutrition Almanac*, o consumo de cinco a trinta amêndoas do caroço de abricó ao longo do dia, desde que nunca todas ao mesmo tempo, pode ser uma dose preventiva suficiente.

Recomendação pessoal:

• Se você está interessado no letril como um preventivo ou um tratamento para o câncer, converse com um médico.

• Já existe uma ampla literatura sobre o letril. Recomendo enfaticamente a pesquisa pessoal e consulta médica antes de iniciar qualquer regime que inclua a vitamina B_{17}.

Biotina (coenzima R ou vitamina H)

Fatos:

- Solúvel na água; outro membro bastante recente da família do complexo B.
- Normalmente medido em microgramas (mcg).
- A síntese do ácido ascórbico requer a biotina.
- É essencial para o metabolismo normal de gorduras e proteínas.
- A dose diária recomendada para adultos é de 150 mcg a 300 mcg.
- Pode ser sintetizada pelas bactérias intestinais.
- O ovo cru impede sua absorção pelo organismo.
- Sinérgica com as vitaminas B_2, B_6, a niacina e a A na manutenção de uma pele saudável.

O que ela pode fazer por você:

- Contribuir para evitar que o cabelo fique grisalho.
- Ajudar em tratamentos preventivos contra a calvície.
- Aliviar dores musculares.
- Aliviar o eczema e a dermatite.

Doenças causadas pela deficiência:

- Eczema de rosto e corpo, exaustão extrema, metabolismo defeituoso de gorduras.

Melhores fontes naturais:

- Noz, castanha, amêndoa, frutas, lêvedo de cerveja, fígado bovino, gema de ovo, leite, rim, arroz integral.

Suplementos vitamínicos:

- A biotina é normalmente incluída em quase todos os suplementos de complexo B e nos comprimidos multi-vitamínicos.
- As doses diárias mais utilizadas são de 25 mcg a 300 mcg.

Toxicidade:

- Não há casos conhecidos de toxicidade da biotina.

Inimigos:

- Clara de ovo crua (que contém avidina, uma proteína que impede a absorção da biotina), água, medicamentos com sulfa, estrógeno, técnicas de processamento de alimentos, álcool.

Recomendação pessoal:

- Se você costuma tomar muita gemada, provavelmente precisa de um suplemento com biotina.
- Certifique-se de que está ingerindo pelo menos 25 mcg diariamente, caso esteja em tratamento com antibióticos ou medicamentos com sulfa.
- Os homens que estão perdendo cabelos talvez constatem que um suplemento com biotina pode manter seus cabelos por

mais tempo em suas cabeças.

• Lembre-se que a biotina é sinérgica — e mais eficiente — com as vitaminas B_2, B_6, niacina e A.

Vitamina C (ácido ascórbico)

Fatos:

• Solúvel na água.

• Quase todos os animais sintetizam sua própria vitamina C, mas os homens, os macacos e os porquinhos-da-índia dependem de fontes dietéticas.

• Tem um papel fundamental na formação do colágeno, que por sua vez é importante para o crescimento e a recuperação de células do tecido do organismo, gengivas, vasos sangüíneos, ossos e dentes.

• Contribui para a absorção do ferro pelo organismo.

• Mede-se em miligramas (mg).

• Esgota-se mais rapidamente em condições de estafa.

• A dose diária recomendada para adultos é de 45 mg. São recomendadas doses mais altas durante a gravidez e a amamentação: 80 mg a 120 mg.

• Recomendada como preventivo para a síndrome da morte no berço ou síndrome de morte súbita infantil (SIDS).

• Fumantes e anciãos têm maior necessidade de vitamina C (cada cigarro destrói de 25 mg a 100 mg de vitamina C).

O que ela pode fazer por você:

• Curar ferimentos, queimaduras e gengivas que sangram.

• Aumentar a eficiência dos medicamentos contra infecção do trato urinário.

• Acelerar a cicatrização após cirurgia:

• Contribuir para baixar o colesterol no sangue.

• Ajudar a impedir diversos tipos de infecções viróticas e bacterianas, e fortalecer o sistema imunológico.

• Oferecer proteção contra agentes cancerígenos.

• Ajudar a evitar a formação de nitrosaminas (substâncias causadoras do câncer).

• Funciona como laxante natural.

• Diminuir a incidência de coágulos sangüíneos nas veias.

• Ajudar no tratamento e prevenção do resfriado comum.

• Estender a vida, permitindo que as células de proteína se mantenham juntas.

• Reduzir os efeitos de muitas substâncias que produzem alergias.

• Impedir o escorbuto.

Doenças causadas pela deficiência:

• Escorbuto.

Melhores fontes naturais:

• Frutas cítricas, frutas silvestres, verduras, tomate, couve-flor, batata, batata-doce.

Suplementos vitamínicos:

• A vitamina C é um dos suplementos mais amplamente consumidos. Encontra-se em comprimidos convencionais, comprimidos de liberação gradual, xaropes, pós, tabletes mastigáveis — enfim, de todas as maneiras possíveis para uma vitamina.

• A vitamina C *pura* é derivada de dextrose do milho (embora não permaneça nenhum traço de milho ou de dextrose).

• A diferença entre vitamina C "natural" ou "orgânica" e o ácido ascórbico comum é, basicamente, a facilidade de digestão.

• O melhor suplemento da vitamina C é aquele que contém o complexo C completo de bioflavonóides, hesperidina e rutina (às vezes chamados de sais cítricos).

• Cápsulas e comprimidos são encontrados em dosagens de até 1.000 mg, e, quando em pó, as dosagens podem ir até 5.000 mg por colher de chá.

• As doses diárias recomendadas são de 500 mg a 4 g.

• A vitamina C dos frutos da roseira contém bioflavonóides e outras enzimas que ajudam sua assimilação. São a fonte natural mais rica em vitamina C (neste caso, é produzida sob o botão da rosa, em uma espécie de frutinha) (EUA).

• Também se extrai vitamina C dos frutos da acerola.

Toxicidade:

• O consumo em excesso poderá causar a formação de pedras de ácido oxálico e ácido úrico (embora isso possa ser evitado tomando-se diariamente magnésio, vitamina B_6 e uma quantidade suficiente de água). Ocasionalmente, doses muito altas (acima de 10 g por dia) podem provocar efeitos colaterais desagradáveis, tais como diarréia, excesso de urina e brotoejas. Quando isso acontece, a dosagem deve ser diminuída.

• A vitamina C não deve ser usada por pacientes de câncer em tratamento de radioterapia ou quimioterapia.

Inimigos:

• Água, cozimento, luz, calor, oxigênio, tabagismo.

Recomendação pessoal:

• Como a vitamina C é excretada em um período de duas a três horas, dependendo da quantidade de alimentos no estômago, e como é importante manter seu nível sangüíneo alto e constante, recomendo os comprimidos de liberação gradual.

• Altas doses de vitamina C podem alterar os resultados de exames de laboratório. Se você for se submeter a exame de sangue ou de urina, não deixe de avisar seu médico de que está tomando vitamina C, para que não ocorram erros no diagnóstico (a vitamina C pode disfarçar a presença de sangue nas fezes).

• Os diabéticos devem saber

que em geral o exame de açúcar na urina pode ser afetado quando se toma muita vitamina C — mas existem alguns métodos de exame em que isso não ocorre. Consulte seu farmacêutico ou médico.

- Para quem toma mais de 750 mg por dia, recomendo um suplemento vitamínico que contenha magnésio. Pode ajudar a evitar a formação de pedras nos rins.
- O monóxido de carbono destrói a vitamina C — por isso, os moradores das cidades devem, sem qualquer dúvida, aumentar suas dosagens.
- Se você toma pílula anticoncepcional, precisa de doses mais altas de vitamina C.
- Para obter o melhor efeito da vitamina C, lembre-se de que ela funciona melhor em conjunto com bioflavonóides, cálcio e magnésio.
- Recomendo que aumente a dose de vitamina C se você toma aspirina, pois ela triplica a velocidade da excreção dessa vitamina.
- É melhor ingerir ginseng três horas antes ou depois de tomar vitamina C ou comer alimentos ricos nessa vitamina.

Pantotenato de cálcio (ácido pantotênico, pantenol, vitamina B_5)

Fatos:

- Solúvel na água; outro membro da família do complexo B. Contribui para a formação das células, para manter o crescimento normal e para o desenvolvimento do sistema nervoso central.
- É fundamental para o funcionamento adequado das glândulas supra-renais.
- Essencial para a conversão das gorduras e dos açúcares em energia.
- Necessário para a produção de anticorpos, para a utilização da PABA e da colina.
- A dose diária recomendada é de 10 mg para adultos.
- Pode ser sintetizado no organismo pelas bactérias intestinais.

O que ele pode fazer por você:

- Auxiliar a cicatrização de ferimentos.
- Combater infecções com a produção de anticorpos.
- Tratar o choque pós-operatório.
- Prevenir o cansaço.
- Reduzir os efeitos indesejáveis e tóxicos de muitos antibióticos.

Doenças causadas pela deficiência:

- Hipoglicemia, úlceras duodenais, perturbações sangüíneas e da pele.

Melhores fontes naturais:

- Carne, grãos integrais, germe de trigo, soro do leite, rim, fígado, coração, verduras, lêvedo de cerveja, frutas secas, frango, melado.

Suplementos vitamínicos:

• Encontrado mais freqüentemente em fórmulas do complexo B, com dosagem variando de 10 mg a 100 mg.

• As doses diárias normalmente ingeridas são de 10 mg a 300 mg.

Toxicidade:

• Não se conhecem efeitos tóxicos.

Inimigos:

• Calor, técnicas de processamento dos alimentos, armazenamento em lata, cafeína, medicamentos contendo sulfa, comprimidos para dormir, estrógeno, álcool.

Recomendação pessoal:

• Se você tem formigamento freqüente nas mãos e nos pés, experimente ingerir uma dose maior de ácido pantotênico junto com outras vitaminas B.

• O ácido pantotênico pode ajudar a criar defesa contra estafa.

• Em alguns casos, doses diárias de 1.000 mg mostraram-se efetivas para reduzir as dores da artrite.

• Se você sofre de alergia, poderá encontrar alívio com as vitaminas B_5 e C. Experimente tomar 1.000 mg de cada — com as refeições — de manhã e à noite.

Colina

Fatos:

• Membro da família do complexo B e lipotrópica (emulsionante de gorduras).

• Funciona junto com o inositol (outro membro do complexo B) na utilização das gorduras e colesterol.

• Uma das poucas substâncias capazes de penetrar na chamada barreira sangüínea que normalmente protege o cérebro contra as variações na dieta diária, entrando diretamente nas células cerebrais para produzir uma substância química que favorece a memória.

• A dose diária recomendada ainda não foi estabelecida, mas estima-se que a dieta média adulta contenha entre 500 mg e 900 mg por dia.

• Aparentemente emulsiona o colesterol, para que ele não se deposite nas paredes das artérias ou na vesícula.

O que ela pode fazer por você:

• Ajudar a controlar a produção de colesterol.

• Ajudar a condução dos impulsos nervosos, especificamente aqueles que são usados no cérebro para a formação da memória.

• Auxiliar na resolução do problema da perda de memória na

idade avançada (doses diárias de 1 g a 5 g).

• Ajudar a eliminar venenos e medicamentos do organismo, auxiliando o fígado.

• Produzir efeito calmante.

• Ajudar no tratamento do mal de Alzheimer.

Doenças causadas pela deficiência:

• Possivelmente pode resultar em cirrose e degeneração adiposa do fígado, endurecimento das artérias e mal de Alzheimer

Melhores fontes naturais:

• Gema de ovo, miolo, coração, verduras, levedura, fígado, germe de trigo e, em pequenas porções, lecitina.

Suplementos:

• Seis cápsulas de lecitina de soja contêm 244 mg de inositol e a mesma quantidade de colina.

• Os suplementos de complexo B contêm cerca de 50 mg de colina e de inositol.

• As doses diárias mais utilizadas estão entre 500 mg e 1.000 mg.

Toxicidade:

• Não se conhece

Inimigos:

• Água, medicamentos com sulfa, estrógeno, processamento de alimentos, álcool.

Recomendação pessoal:

• Tome colina sempre com outras vitaminas B. Se você está freqüentemente nervoso ou "trêmulo", pode ser bom aumentar sua dose de colina.

• Se você está tomando lecitina, provavelmente precisa de um suplemento vitamínico contendo cálcio quelado para manter seu fósforo e seu cálcio equilibrado, pois a colina aparentemente aumenta o fósforo do organismo.

• Experimente aumentar a dose de colina como uma maneira de melhorar a memória.

• Se você gosta de beber, assegure-se de que está dando a seu fígado a colina que ele precisa.

Vitamina D (calciferol, viosterol, ergosterol, "vitamina do Sol")

Fatos:

• Solúvel em gorduras. É obtida tomando-se sol ou através de dieta (os raios ultravioleta atuam sobre os óleos da pele, produzindo a vitamina, que, em seguida, é absorvida pelo organismo).

• Quando ingerida oralmente, a vitamina D é absorvida com as gorduras através das paredes intestinais.

• Mede-se em Unidades Internacionais, ou microgramas de colecalciferol (mcg).

• A dose diária recomendada para os adultos é de 400 UI ou 5 mcg a 10 mcg.

• A nebulosidade reduz os raios do Sol que produzem vitamina D.
• Depois que o corpo ficou bronzeado, a pele não produz mais vitamina D.

O que ela pode fazer por você:
• Utilizar adequadamente o cálcio e o fósforo necessário para dentes e ossos fortes.
• Tomada juntamente com as vitaminas A e C, pode ajudar na prevenção de resfriados.
• Ajudar no tratamento da conjuntivite.
• Contribuir para a assimilação da vitamina A.

Doenças causadas pela deficiência:
• Raquitismo, destruição dentária grave, osteomalacia, osteoporose senil.

Melhores fontes naturais:
• Óleos de fígado de peixe, sardinha, arenque, salmão, atum, leite, laticínios.

Suplementos vitamínicos:
• Disponível em cápsulas de 500 UI (EUA). A vitamina em si é derivada do óleo de fígado de peixe.
• As doses diárias mais freqüentes são de 400 UI a 1.000 UI.

Toxicidade:
• Doses diárias de 25.000 UI, por um tempo prolongado, podem produzir efeitos tóxicos nos adultos.
• Doses diárias acima de 5.000 UI, para algumas pessoas, produzem reações adversas.
• Os sinais tóxicos são: sede incomum, ardência nos olhos, coceira na pele, vômitos, diarréia, urgência urinária, depósitos anormais de cálcio nas paredes dos vasos sangüíneos, no fígado, pulmões, rins e estômago.

Inimigos:
• Óleo mineral, nebulosidade.

Recomendação pessoal:
• As pessoas que vivem em cidades grandes, particularmente em áreas densamente nebulosas, devem aumentar sua dosagem de vitamina D.
• Os trabalhadores noturnos, freiras e pessoas cuja maneira de vestir ou estilo de vida impede-os de tomar sol devem aumentar a quantidade de vitamina D em sua dieta.
• Quem toma medicamento anticonvulsivante provavelmente deve aumentar a ingestão de vitamina D.
• Deve-se aumentar a dose ingerida pelas crianças que não tomam leite reforçado com vitamina D.
• As pessoas de pele escura que vivem em climas frios normalmente necessitam de maior quantidade de vitamina D.
• Não acrescente suplementos

com vitamina D à dieta de seu cão ou gato, a não ser com orientação expressa do veterinário.

• A vitamina D é mais eficaz quando tomada junto com as vitaminas A, C, colina, cálcio e fósforo.

Vitamina E (tocoferol)

Fatos:

• Solúvel na gordura e armazenada no fígado, nos tecidos adiposos, no coração, nos músculos, testículos, útero, sangue, glândulas supra-renais e pituitária.

• A vitamina E costumava ser medida pelo peso, mas hoje em dia é designada geralmente segundo sua atividade biológica em Unidades Internacionais. Nesta vitamina, 1 UI equivale a 1 mg.

• Formada por compostos chamados tocoferóis; dos oito tocoferóis que a compõem (alfa, beta, gama, delta, ípsilon, zeta, eta e teta), o primeiro é o mais eficaz.

• É um antioxidante ativo: impede a oxidação de compostos graxos e da vitamina A, do selênio, de dois aminoácidos sulfurados e de parte da vitamina C.

• Reforça a atividade da vitamina A. A dose diária recomendada para adultos é de 8 UI a 10 UI (segundo normas estabelecidas pelo Conselho Nacional de Pesquisas dos Estados Unidos em 1980).

• Entre 60 e 70% das doses diárias são excretadas através das fezes. Diferentemente de outras vitaminas lipossolúveis, a E é armazenada no organismo durante um período relativamente curto, à semelhança da B e da C.

• É importante como vasodilatadora e como anticoagulante.

• Os produtos com 25 mcg de selênio para cada 200 unidades de vitamina E aumentam a potência dessa vitamina.

O que ela pode fazer por você:

• Manter seu aspecto jovem, retardando o envelhecimento celular causado pela oxidação.

• Fornecer oxigênio ao organismo, fazendo com que você se sinta mais resistente.

• Proteger seus pulmões da poluição atmosférica, associando-se à vitamina A.

• Prevenir e dissolver coágulos sangüíneos.

• Aliviar a fadiga.

• Impedir a formação de cicatrizes grossas interna e externamente (quando aplicada topicamente, pois pode ser absorvida através da pele).

• Acelerar a cura de queimaduras.

• Funcionando como diurético, pode baixar a pressão sangüínea.

• Ajudar na prevenção de abortos.

• Ajudar a aliviar câibras e distensão muscular nas pernas.

Doenças causadas pela deficiência:
- Destruição de células vermelhas do sangue, degeneração muscular, anemias e perturbações reprodutivas.

Melhores fontes naturais:
- Germe de trigo, soja, óleos vegetais, brócolis, couve-de-bruxelas, verduras, espinafre, trigo integral, cereais integrais, ovo.

Suplementos vitamínicos:
- É disponível dissolvida em óleo, em cápsulas ou em comprimidos para dispersão em água.
- Normalmente fornecida em dosagens que variam entre 100 UI e 1.000 UI. A forma seca é recomendada para aqueles que têm intolerâncias ao óleo ou cuja pele é prejudicada pelo óleo (o ideal para quem tem mais de 40 anos).
- As doses diárias mais usadas são de 200 UI a 1.200 UI.

Toxicidade:
- Essencialmente não-tóxica

Inimigos:
- Calor, oxigênio, temperaturas abaixo de zero, processamento dos alimentos, ferro, cloro, óleo mineral.

Recomendação pessoal:
- Se você está seguindo dieta rica em óleos polinsaturados, vai necessitar de doses mais altas de vitamina E.
- O ferro inorgânico (sulfato ferroso) destrói a vitamina E, por isso os dois não devem ser tomados juntos. Se você estiver tomando suplemento que contenha sulfato ferroso, a E deve ser ingerida pelo menos oito horas depois ou antes.
- O gluconato ferroso, o peptonato, o citrato ou fumarato (complexos de ferro orgânico) não destroem a E.
- Mulheres grávidas ou em período de amamentação, assim como as que tomam pílula anticoncepcional ou hormônios, necessitam maior quantidade de vitamina E.
- Aconselho às mulheres que estão passando pela menopausa que aumentem a ingestão de vitamina E. O mais recomendado é a mistura de tocoferóis, 400 UI a 1.200 UI por dia.

Vitamina F (ácidos graxos insaturados — linoléico, linolênico e araquidônico)

Fatos:
- Solúvel na gordura, é composta por ácidos graxos insaturados obtidos de alimentos.
- Medida em miligramas (mg).
- Não há dose diária estabelecida para recomendação, mas o Conselho Nacional de Pesqui-

sas dos Estados Unidos sugeriu que pelo menos 1% das calorias totais deveriam incluir ácidos graxos insaturados essenciais.

• A gordura insaturada ajuda a queimar a gordura saturada, com ingestão na proporção de dois para um.

• Doze colheres de chá de sementes de girassol ou dezoito metades de nozes-pecãs podem fornecer a dose necessária para um dia.

• Caso haja ácido linoléico em quantidade suficiente, os outros dois ácidos graxos podem ser sintetizados.

• O consumo muito alto de carboidratos aumenta sua necessidade.

O que ela pode fazer por você:

• Ajudar na prevenção de depósitos de colesterol nas artérias.

• Garantir pele e cabelo saudáveis.

• Dar uma certa proteção contra os efeitos danosos dos raios X.

• Contribuir para o crescimento e bem-estar, influindo sobre a atividade glandular e pondo o cálcio à disposição das células.

• Combater enfermidades cardíacas.

• Ajudar na redução de peso, queimando as gorduras saturadas.

Doenças causadas pela deficiência:

• Eczema e acne.

Melhores fontes naturais:

• Óleos vegetais de amendoim, de germe de trigo, de linhaça, de girassol, de açafrão e de soja; e amendoim, semente de girassol, noz-pecã, amêndoa, abacate.

Suplementos vitamínicos:

• Vêm em cápsulas de 100 mg a 150 mg (EUA).

Toxicidade:

• Não há efeitos tóxicos conhecidos, mas o excesso pode levar a alguns quilinhos indesejados.

Inimigos:

• Gorduras saturadas, calor, oxigênio.

Recomendação pessoal:

• Para melhor absorção da vitamina F, tome vitamina E juntamente com ela na hora das refeições.

• Se você consome grandes quantidades de carboidratos, tem mais necessidade de vitamina F.

• Todos os que se preocupam com sua taxa de colesterol devem tomar a quantidade adequada de vitamina F.

• Embora a maior parte das frutas secas seja excelente fonte de ácidos graxos insaturados, a castanha-do-pará e de caju não são.

• Cuidado com as dietas que utilizam grande quantidade de gorduras saturadas.

Ácido fólico (folacina)

Fatos:

- Solúvel na água, é outro membro do complexo B: também é conhecido como Bc ou vitamina M.
- Mede-se em microgramas (mcg).
- Essencial para a formação dos glóbulos vermelhos do sangue.
- Ajuda no metabolismo das proteínas.
- A dose diária recomendada para adultos é de 400 mcg, o dobro disso para as gestantes, e 500 mcg durante a fase de amamentação.
- É importante para a produção de ácidos nucléicos (RNA e DNA).
- É essencial para a divisão das células do organismo.
- É necessária para a utilização do açúcar e dos aminoácidos.
- Pode ser destruída quando armazenada sem proteção, à temperatura ambiente e por longos períodos.

O que ela pode fazer por você:

- Aumentar a lactação.
- Proteger contra parasitas intestinais e envenenamento alimentar.
- Dar à pele um aspecto mais saudável.
- Funcionar como analgésico contra a dor.
- Pode retardar o embranquecimento dos cabelos quando usada conjuntamente com o ácido pantotênico e PABA.
- Aumentar o apetite, se você estiver debilitado.
- Agir como preventivo para ulcerações orais.
- Ajudar a evitar a anemia.

Doenças causadas pela deficiência:

- Anemia macrocítica nutricional.

Melhores fontes naturais:

- Vegetais de folhas verde-escuras, cenoura, lêvedo de *tortula*, fígado, gema de ovo, melão, abricó, abóbora, abacate, feijão, trigo integral, farinha de centeio.

Suplementos vitamínicos:

- Disponível em doses de 400 mcg e 800 mcg. Dosagens de 1 mg (1.000 mcg) só podem ser adquiridas com receita médica (EUA).
- Algumas fórmulas de complexo B contêm 400 mcg, porém o mais comum são 100 mcg (consulte a bula) (EUA).
- As doses diárias mais usadas são de 400 mcg a 5 mg.

Toxicidade:

- Não há efeitos tóxicos conhecidos, embora algumas pessoas experimentem reações alérgicas de pele.

Inimigos:

- Água, medicamentos com sulfa, luz solar, estrógeno, processamento de alimentos (especialmente a fervura), calor.

Recomendação pessoal:

- Se você bebe muito, é aconselhável que aumente sua dosagem de ácido fólico.
- Ingestão de grandes quantidades de vitamina C aumenta a excreção de ácido fólico, e qualquer pessoa que tome mais de 2 g de vitamina C necessita, provavelmente, tomar mais ácido fólico.
- Se você está tomando difenilhidantoína, estrógenos, sulfonamidas, fenobarbital ou aspirina, sugiro que aumente sua dose de ácido fólico.
- Descobri que muitas pessoas que tomam 1 mg a 5 mg diariamente, durante um curto período de tempo, tiveram regressão de diversos tipos de descoloração da pele. Se você enfrenta esse tipo de problema, vale a pena procurar um médico e conversar sobre essa possibilidade.
- Se você fica doente com freqüência, ou se está passando por alguma enfermidade, verifique se seu suplemento contra estafa tem suficiente ácido fólico. Quando há deficiência de ácido fólico, o mesmo ocorre com os anticorpos.

Inositol

Fatos:

- Solúvel na água, é outro membro do complexo B e lipotrópico.
- Mede-se em miligramas (mg).
- Combina-se à colina para formar a lecitina.
- Metaboliza gorduras e colesterol.
- Ainda não foi estabelecida a dose diária recomendada, mas o adulto médio saudável ingere aproximadamente 1 g por dia.
- Tal como a colina, descobriu-se que é importante para a nutrição das células cerebrais.

O que ele pode fazer por você:

- Ajudar a baixar as taxas de colesterol.
- Ajudar a ter cabelos saudáveis e prevenir sua queda.
- Ajudar na prevenção de eczemas.
- Contribuir para a redistribuição da gordura do corpo.
- Produzir um efeito calmante.

Doenças causadas pela deficiência:

- Eczema.

Melhores fontes naturais:

- Fígado, lêvedo de cerveja, feijão-de-lima, miolos e coração de boi, melão, pomelo (grapefruit), uvas, germe de trigo, melaço não-refinado, amendoim, repolho.

Suplementos vitamínicos:

- Seis cápsulas de lecitina de soja contêm aproximadamente

244 mg de inositol e 244 mg de colina.

• É encontrada nos pós de lecitina que se misturam bem com os líquidos. A maioria dos suplementos com complexo B contém aproximadamente 100 mg de colina e de inositol.

• As doses diárias mais freqüentemente utilizadas são de 250 mg a 500 mg.

Toxicidade:

• Não há efeitos tóxicos conhecidos.

Inimigos:

• Água, medicamentos com sulfa, estrógeno, processamento de alimentos, álcool, café.

Recomendação pessoal:

• Tome inositol com colina e com as outras vitaminas B.

• Se você toma muito café, provavelmente está necessitando de inositol adicional.

• Se você toma lecitina, aconselho também um suplemento mineral, com cálcio quelado, para conservar o equilíbrio de fósforo e cálcio, pois tanto o inositol como a colina aparentemente elevam as taxas de fósforo.

• Uma boa maneira de maximizar os efeitos de sua vitamina E é tomar uma quantidade suficiente de inositol e colina.

Vitamina K (menadiona)

Fatos:

• Solúvel nas gorduras.

• Normalmente medida em microgramas (mcg).

• Há um trio de vitaminas K: a K_1 e a K_2 podem ser formadas por bactérias naturais nos intestinos; a vitamina K_3 é sintética.

• Ainda não foi estabelecida nenhuma dosagem dietética, mas uma dose de aproximadamente 300 mg é geralmente considerada adequada para um adulto. Recém-nascidos precisam de mais.

• É essencial na formação da protombina, uma substância que age na coagulação do sangue.

O que ela pode fazer por você:

• Ajudar na prevenção de hemorragias e sangramentos internos.

• Contribuir para a redução de fluxos menstruais excessivamente abundantes.

• Proporcionar uma coagulação sangüínea conveniente.

Doenças causadas pela deficiência:

• Celiaquia, psilose, colite.

Melhores fontes naturais:

• Iogurte, alfafa, gema de ovo, óleo de açafrão, óleo de soja, óleo de fígado de peixe, algas, verduras.

Suplementos vitamínicos:

• À venda em comprimidos de 100 mg (embora a abundância de vitamina K natural geralmente torne a suplementação desnecessária) (EUA).

Toxicidade:

• Não se recomenda a ingestão de mais de 500 mg de vitamina K sintética.

Inimigos:

• Raios X e radiação, alimentos congelados, aspirina, poluição atmosférica, óleo mineral.

Recomendação pessoal:

• Diarréia excessiva pode ser um sintoma de deficiência de vitamina K, mas, antes de se auto-suplementar, procure um médico. O iogurte é sua melhor defesa contra a deficiência de vitamina K.

• Se você tem sangramentos nasais freqüentes, tente aumentar sua vitamina K através de fontes alimentares naturais. Tabletes de alfafa podem ajudar (EUA).

• Se você está tomando algum anticoagulante (para afinar o sangue), saiba que esta vitamina (mesmo em alimentos naturais) pode anular o efeito do remédio.

Niacina (ácido nicotínico, niacinamida, nicotinamida)

Fatos:

• Solúvel na água, é um dos membros da família do complexo B, conhecida como B_3.

• Normalmente medida em miligramas (mg).

• Utilizando o aminoácido triptofano, o organismo é capaz de sintetizar sua própria niacina.

• Uma pessoa cujo organismo é deficiente em B_1, B_2 e B_6 não será capaz de produzir niacina a partir do triptofano.

• A falta de niacina pode causar mudanças negativas na personalidade.

• A dose diária recomendada para adultos, de acordo com o Conselho Nacional de Pesquisas dos Estados Unidos, é de 13 mg a 19 mg.

• Essencial para a síntese dos hormônios sexuais (estrógeno, progesterona e testosterona), bem como da cortisona, tiroxina e insulina.

• Necessária para um sistema nervoso saudável e para as funções cerebrais.

• A mais usada é a niacinamida, pois minimiza a irritação e a coceira da pele que muitas vezes ocorrem quando se usa a niacina na forma de ácido nicotínico (a irritação, aliás, não é grave, e normalmente desaparece em cerca de vinte minutos. Um copo de água ajuda).

O que ela pode fazer por você:

• Contribuir para que você tenha um sistema digestivo saudável e para aliviar as perturbações gastrintestinais.

- Propiciar uma pele de aspecto mais saudável.
- Prevenir e aliviar enxaquecas.
- Melhorar a circulação e reduzir a pressão alta do sangue.
- Amenizar algumas crises de diarréia.
- Reduzir os sintomas desagradáveis de vertigem na síndrome de Ménière.
- Aumentar a energia, com a utilização adequada dos alimentos.
- Contribuir para a eliminação de aftas e, muitas vezes, mau hálito.
- Reduzir o colesterol e os triglicéridos.

Doenças causadas pela deficiência:

- Pelagra.

Melhores fontes naturais:

- Fígado, carne magra, produtos de trigo integral, lêvedo de cerveja, rim, germe de trigo, peixe, ovo, amendoim torrado, carne branca de frango, abacate, tâmara, figo, ameixa.

Suplementos vitamínicos:

- Encontrada como niacina e niacinamida. A única diferença é que a niacina — ácido nicotínico — pode causar vermelhidão, enquanto a niacinamida — nicotinamida — não. Se você prefere niacina, pode minimizar a vermelhidão tomando seu comprimido de estômago cheio ou com uma dose equivalmente de inositol.
- Disponível em doses de 50 mg a 1.000 mg, sob a forma de comprimidos ou pó (EUA).
- As melhores fórmulas de complexo B e de multivitamínicos contêm entre 50 mg e 100 mg (examine as bulas).

Toxicidade:

- Essencialmente não-tóxico, exceto pelos efeitos colaterais resultantes de doses acima de 100 mg.
- Alguns indivíduos mais sensíveis podem apresentar ardência ou coceira na pele.
- Não dê aos animais, particularmente cães. Pode provocar vermelhidão, calor e muito desconforto para o animal.

Inimigos:

- Água, medicamentos com sulfa, álcool, técnicas de processamento de alimentos, comprimidos para dormir, estrógeno.

Recomendação pessoal:

- Se você está tomando antibióticos e subitamente descobre que a vermelhidão causada pela niacina está se tornando mais grave, não se preocupe. Isso é bastante comum. Você provavelmente se sentirá melhor se mudar para a niacinamida.

Se você tem problema de colesterol, aumentar sua dose de niacina pode ajudar.

• As peles particularmente sensíveis à luz solar freqüentemente funcionam como um indicador precoce para a deficiência em niacina.

Vitamina P (complexo C, bioflavonóides cítricos, rutina, hesperidina)

Fatos:

• É solúvel na água e composta de citrina, rutina e hesperidina, assim como de flavonas e flavonóis.
• Usualmente mede-se em miligramas (mg).
• Necessária para a perfeita absorção e funcionamento de vitamina C.
• Os flavonóides são as substâncias que proporcionam aquela tonalidade amarela e alaranjada aos alimentos cítricos.
• Também é chamada de fator de permeabilidade capilar (o P que dá nome à vitamina é de permeabilidade).
• A função básica dos bioflavonóides é aumentar a resistência dos vasos capilares e regular a absorção.
• Ajuda a vitamina C a manter os tecidos conectivos saudáveis.
• Não foi estabelecida uma dosagem diária, mas a maioria dos nutricionistas está de acordo que para cada 500 mg de vitamina C você deveria tomar pelo menos 100 mg de bioflavonóides.
• Funciona sinergicamente com a vitamina C.

O que ela pode fazer por você:

• Evitar que a vitamina C seja destruída pela oxidação.
• Fortalecer as paredes dos vasos capilares, evitando assim as equimoses.
• Ajudar a aumentar a resistência às infecções.
• Prevenir e curar sangramento de gengivas.
• Aumentar a eficácia da vitamina C.
• Auxiliar no tratamento de edemas e tonturas resultantes de alterações no ouvido interno.

Doenças causadas pela deficiência:

• Fragilidade capilar.

Melhores fontes naturais:

• A pele branca que envolve os gomos das frutas cítricas — limão, laranja, pomelo (grapefruit). E também em abricó, trigo sarraceno, amoras silvestres, cereja, fruto da roseira.

Suplementos vitamínicos:

• Disponível tanto associada ao complexo C como isoladamente (EUA).
• A proporção mais comum é de 500 mg de bioflavonóides para 50 mg de rutina e hesperidina (quando o teor de rutina e hesperidina não for igual, deve haver o dobro de rutina) (EUA).
• Todos os suplementos de vitamina C funcionam melhor com bioflavonóides.

• As doses mais comuns de rutina e hesperidina são de 100 mg, três vezes ao dia.

Toxicidade:

• Não se conhecem efeitos tóxicos.

Recomendação pessoal:

• As mulheres que estão no período da menopausa podem encontrar algum alívio para as ondas de calor aumentando a dose de bioflavonóides, tomados juntamente com vitamina C.

• Se suas gengivas sangram freqüentemente quando você escova os dentes, assegure-se de que está tomando uma dose suficiente de rutina e hesperidina.

• As pessoas com tendência a ter equimoses se beneficiarão tomando suplementos que contenham vitamina C, bioflavonóides, rutina e hesperidina.

Ácido para-aminobenzóico (PABA)

Fatos:

• Solúvel na água, é um dos membros mais jovens da família do complexo B.

• Normalmente é medido em miligramas (mg).

• Pode ser sintetizado no organismo.

• Não foi estabelecida ainda uma dose diária recomendada.

• Ajuda a formar o ácido fólico e é importante na utilização das proteínas.

• Tem a propriedade de filtrar os raios solares.

• Auxilia na assimilação e, portanto, na eficácia do ácido pantotênico.

• Em experiências com animais, funcionou associado ao ácido pantotênico para restituir ao cabelo grisalho a sua cor natural.

O que ele pode fazer por você:

• Usado como pomada, evita queimaduras solares.

• Reduz a dor de queimaduras.

• Mantém a pele saudável e macia.

• Auxilia no retardamento das rugas.

• Ajuda a restaurar a cor natural de seu cabelo.

Doenças causadas pela deficiência:

• Eczema.

Melhores fontes naturais:

• Fígado, lêvedo de cerveja, rim, grãos integrais, arroz, soro de leite, germe de trigo, melado.

Suplementos vitamínicos:

• Doses de 30 mg a 100 mg são encontradas tanto em complexo B quanto em multivitamínicos de boa qualidade (EUA).

• Disponível em dosagens de 30 mg a 1.000 mg, tanto na forma normal como em comprimidos de liberação gradual (EUA).

• As doses mais freqüentemente usadas são de 30 mg a 100 mg, três vezes ao dia.

Toxicidade:

• Não há efeitos tóxicos conhecidos, mas não se recomendam programas prolongados de altas doses.

• Os sintomas que poderiam indicar uma dosagem excessiva de PABA são, em geral, náusea e vômitos.

Inimigos:

• Água, medicamentos com sulfa, técnicas de processamento de alimentos, álcool, estrógeno.

Recomendação pessoal:

• Algumas pessoas afirmam que a combinação de ácido fólico e PABA restitui aos seus cabelos a cor natural. Funcionou com animais, e portanto vale a tentativa para todos aqueles que estão buscando uma alternativa para tingir o cabelo. Com esse objetivo, 1.000 mg (liberação gradual) diariamente, seis dias por semana, são um regime viável.

• Se você tem tendência a se queimar facilmente ao sol, use um creme protetor contendo PABA.

• Muitas das figuras famosas de Hollywood que eu conheço usam PABA para evitar rugas. Ele não as elimina, mas sem dúvida parece mantê-las longe de algumas pessoas.

• Se você estiver tomando penicilina ou qualquer medicamento à base de sulfa, sua dose de PABA deve ser aumentada através de alimentos naturais ou suplementos vitamínicos.

Vitamina T

Muito pouco se sabe sobre essa vitamina, exceto que ajuda na coagulação sangüínea e na formação de plaquetas. Devido a esses atributos, é importante para evitar algumas formas de anemia e de hemofilia. Não foi estabelecida uma dose diária recomendada, e não existem suplementos de vitamina T disponíveis no mercado para o público. É encontrada em sementes de gergelim e na gema do ovo, e não tem toxicidade conhecida.

Vitamina U

Sabe-se ainda menos sobre a vitamina U do que sobre a vitamina T. Diz-se que tem papel importante na cura da úlcera, mas as opiniões dos médicos variam a esse respeito. É encontrada no repolho cru e não se conhece nenhuma toxicidade.

A VITAMINA C, O
RESFRIADO COMUM
E A GRIPE
Linus Pauling
Formato: 14 x 18
200 páginas
Editora Atheneu
São Paulo
1978
(Ver pág. 134)

Vitamina C e a Gripe

LINUS PAULING

Ácido ascórbico

O ácido ascórbico é um alimento essencial para os seres humanos. Como salientamos anteriormente, a ingestão de aproximadamente 10 mg/dia é suficiente para propiciar proteção contra escorbuto na maioria das pessoas, embora para obter condições de saúde ideais provavelmente seja necessário uma ingestão muito maior.

A ingestão ótima (ideal) de ácido ascórbico — isto é, a quantidade diária desse elemento que propicia uma saúde adequada — é ainda desconhecida e, sem dúvida, varia de pessoa para pessoa. Em minha opinião, para a maioria das pessoas, a ingestão diária ótima está entre 250 mg e 10 g.

Essas quantidades são muito superiores à necessidade dietética diária recomendada em 1974 pela "Food and Nutrition Board of the National Council" (Comissão para Alimentos e Nutrição do Conselho Nacional) dos Estados Unidos da América. A recomendação dessa entidade — considerada como ideal para a manutenção da nutrição satisfatória de praticamente todas as pessoas normais dos Estados Unidos — é de 35 mg/dia para os lactentes, 40 mg/dia para crianças, passando para 45 mg/dia para adultos (60 para as gestantes e 80 para as mulheres que estão amamentando). Ao fazer essa recomendação, a Comissão considerou que a ingestão diária mínima de ácido ascórbico para evitar o escorbuto é aproximadamente de 10 mg e que as quantidades maiores recomendadas devem propiciar um excesso satisfatório para a variabilidade individual e que este excesso compensaria ainda as perdas eventuais na preparação dos alimentos. Foi rejeitada a idéia de que uma ingestão maior de ácido ascórbico teria efeitos benéficos. Tomavam-se por base os relatórios de que não se haviam constatado melhorias nas condições físicas e psicomotoras em homens alimentados com 70 a 300 mg de ácido ascórbico ao dia, e que a ocorrência de hemorragias gengivais em militares não fora afetada pela inclusão de suplementos de 100 a 200 mg/dia por período de três semanas. Existem, contudo, muitos relatórios publicados a respeito dos efeitos benéficos do ácido ascórbico ingerido em quantidades maiores.

O ácido ascórbico não é uma substância perigosa. Ele é descrito na literatura médica como "virtualmente não-tóxico". Cobaias que receberam por via oral ou intravenosa metade de 1% de seu peso corporal de ascorbato de sódio (sal sódico do ácido ascórbico) ao dia, por um período de vários dias, não apresentaram sintomas de toxicidade. Essa quantidade corresponde, em um indivíduo da espécie humana, a aproximadamente 350 g/dia. Muitos cães e gatos receberam doses elevadas para o controle de influenza, diarréia, rinotraqueítes, cistites e outras doenças, com resultados benéficos e sem qualquer sinal de toxicidade. A quantidade usada foi de aproximadamente 2 g por quilo de peso corporal ao dia, injetados intravenosamente (em duas doses, uma pela manhã e outra à tarde), correspondendo a 150 g ao dia para um indivíduo da espécie humana. Em humanos, estudou-se a ingestão de 10 a 20 g de vitamina C ao dia, durante 25 anos, sem o desenvolvimento de cálculos renais ou de outros efeitos colaterais. Pacientes com glaucoma foram tratados com cerca de 35 g de vitamina C (0,5 g por quilo de peso) ao dia, durante mais de sete meses. O único efeito colateral referido foi diarréia durante os primeiros três ou quatro dias. Os pacientes com doenças virais ou esquizofrenia receberam até 100 g/dia sem qualquer sinal de toxicidade. Uma quantidade elevada (vários gramas) de ácido ascórbico ingerido sem qualquer outro alimento pode ocasionar algum distúrbio estomacal e diarréia em algumas pessoas (por essa razão recomendamos, no Cap. 14, que o ácido ascórbico seja ingerido ao final de uma refeição), porém nenhum outro efeito sério foi referido.

Uma discussão detalhada dos efeitos colaterais possíveis de grandes doses de ácido ascórbico é apresentada no Cap. 11.

O ácido ascórbico pode ser descrito como sendo tão tóxico como o açúcar comum (sacarose) e muito menos tóxico que o sal de cozinha (cloreto de sódio). Não existe referência à morte de qualquer pessoa por haver ingerido quantidade excessiva de ácido ascórbico, nem, na verdade, de qualquer doença séria resultante dessa ingestão elevada.

O ácido ascórbico é uma substância cristalina, branca, com elevada solubilidade na água. Sua solução apresenta um sabor ácido, semelhante ao do suco de laranja. Usualmente o ácido ascórbico é também chamado de ácido L-ascórbico. Existe uma outra substância, o ácido D-ascórbico, estreitamente relacionada com o ácido L-ascórbico. As duas substâncias contêm os mesmos átomos, unidos de maneira essencialmente idêntica. Sua disposição no espaço, porém, é diferente, como se um fosse a imagem do outro em um espelho. As letras D e L indicam orientado para a direita e orientado para a esquerda. Somente o ácido L-ascórbico apresenta atividade de vitamina C. O nome ácido ascórbico sem prefixo é usado somente para se referir ao ácido L-ascórbico, isto é, a própria vitamina C.

O ácido ascórbico é encontrado em muitos alimentos. Grandes quantidades, 100 a 350 mg/100 g (isto é, 0,10 a 0,35 por cento do peso do alimento) nas pimentas, nos pimentões verdes e vermelhos, salsa e nabos. O suco de laranja, de limão ou de outras frutas cítricas, o suco de tomate, o espinafre, a mostarda-verde e o repolho-de-bruxelas contêm uma boa quantidade de ácido ascórbico: de 25 a 100 mg/100 g de alimento. As ervilhas verdes, os feijões verdes, o milho, o aspargo, o abacaxi, o tomate, os morangos, a abóbora e a alface contêm de 10 a 25 mg/100 g. Quantidades menores — inferiores a 100 mg/100 g — ocorrem nos ovos, leite, cenoura, beterraba e carne cozida. O ácido ascórbico dos alimentos é facilmente destruído pelo cozimento a temperaturas elevadas, especialmente na presença de cobre e de alguns outros metais. Os alimentos cozidos retêm usualmente cerca de metade do ácido ascórbico presente nos alimentos crus. A perda da vitamina pode ser reduzida pelo cozimento por curtos períodos, com quantidade pequena de água e utilizando também a água do cozimento, uma vez que ela extrai parte da vitamina existente no alimento.

Uma dieta comum adequada, incluindo vegetais verdes e suco de laranja ou tomate, pode fornecer 100 mg de ácido ascórbico por dia. Muitas pessoas, todavia, não obtêm nem mesmo esta pequena quantidade. Um estudo realizado em 1971-1972 pelo Health Resources Administration do Departamento de Saúde, Educação e Bem-Estar Social dos EUA incluiu 10.126 pessoas com a idade entre 1 e 74 anos, provenientes de 10 áreas geográficas representativas do país. Foi observado que metade dessas pessoas ingeria menos de 57,9 mg de vitamina C ao dia e que cerca de 1/3 delas recebia menos do que a necessidade indicada oficialmente, 45 mg ao dia para um adulto. Somente 30% das pessoas apresentavam uma ingestão diária superior a 100 mg e somente 17%, mais de 150 mg. A ingestão média das pessoas abaixo do nível de pobreza é de 78% daquela observada para a população total, e 57% destas pessoas ingerem quantidade inferior à recomendada oficialmente.

Para obter quantidades maiores deste importante alimento, a substância pura, o ácido ascórbico cristalino, pode ser utilizado na alimentação.

O ácido ascórbico puro (Ácido Ascórbico da Farmacopéia dos EUA, Ácido L-ascórbico, Vitamina C) pode ser obtido em farmácias como um medicamento, em pó na forma cristalina e, também, como comprimidos ou tabletes. Este ácido ascórbico é descrito algumas vezes como ácido ascórbico sintético. Ele é idêntico ao ácido ascórbico presente nos alimentos e geralmente fabricado a partir de açúcar natural por um processo que envolve duas reações químicas. A matéria-prima usual é a dextrose, também chamada glicose, açúcar de uva, açúcar do mel, açúcar do milho ou açúcar do amido. Ela existe no mel e em muitos outros alimentos naturais. Sua fórmula química é $C_6H_{12}O_6$ e é convertida no ácido L-ascórbico, $C_6H_8O_6$, por reações de oxidação que removem quatro átomos de hidrogênio para formar 2 moléculas de água.

Muitos animais são capazes de sintetizar o seu próprio ácido ascórbico; eles não necessitam do ácido ascórbico (vitamina C) como um alimento essencial, e nunca irão sofrer de escorbuto. Estes animais sintetizam o ácido ascórbico em seus próprios organismos (no fígado ou no rim) a partir da glicose, essencialmente pelas mesmas reações empregadas para fabricar o ácido ascórbico no laboratório ou na indústria em escala comercial.

O ácido ascórbico parece apresentar muitas funções no organismo humano e de outros animais. Essas funções foram estudadas na cobaia e no macaco, os quais, da mesma forma que o homem, requerem o ácido ascórbico como um alimento essencial, ou seja, como uma vitamina. Constatou-se que um suprimento insuficiente deste alimento essencial faz com que o animal apresente sintomas de escorbuto, incluindo hemorragias intramusculares e subcutâneas, dores articulares, um enfraquecimento geral do tecido conjuntivo (pele, tendões, paredes dos vasos sanguíneos), letargia, perda do apetite e anemia. O ácido ascórbico é necessário para a cicatrização dos cortes, incluindo queimaduras. Com uma ingestão reduzida de ácido ascórbico os cortes cicatrizam lentamente e o tecido de cicatrização é fraco, de modo que os cortes se abrem novamente com facilidade. O aumento na ingestão do ácido ascórbico leva a uma aceleração do processo cicatricial e à formação de tecido de cicatrização mais forte.

Foi observado também que uma ingestão elevada de ácido ascórbico aumenta nas cobaias, ratos e macacos a capacidade de resistir a um meio ambiente frio (Dugal, 1961). Em seres humanos, uma queda na concentração do ácido ascórbico sangüíneo foi observada após submeter os indivíduos ao stress da cirurgia, cortes acidentais e queimaduras, indicando a necessidade de um suprimento maior da vitamina. O ácido ascórbico tem sido usado em quantidades elevadas no tratamento das queimaduras, lesões, infecções, doenças reumáticas e alergias.

Em 1964, o Dr. James Greenwood Jr., professor de Clínica e Neurocirurgia na Faculdade de Medicina, na Baylor University, EUA, comunicou suas observações quanto ao efeito de uma ingestão aumentada de ácido ascórbico na manutenção da integridade dos discos intervertebrais e na prevenção da dor lombar. Ele recomendou o uso de 500 mg por dia, passando a 1.000 mg por dia se ocorrer algum mal-estar ou se o paciente for realizar algum exercício mais intenso. Ele afirma que a maioria dos pacientes apresentou uma redução acentuada nas dores musculares provenientes dos exercícios, as quais, entretanto, voltavam a aparecer quando a administração da vitamina era suspensa. Concluiu então, partindo da observação de mais de 500 casos: "Pode-se afirmar com considerável segurança que uma percentagem significante de pacientes com lesões iniciais no disco podem evitar a cirurgia pelo uso de doses elevadas de vitamina C. Muitos destes pacientes, após alguns meses ou anos, suspenderam a ingestão de doses elevadas de vitamina C e os sintomas reapareceram. Quando reiniciaram a ingestão da vitamina os sintomas desapareceram de novo. Alguns, evidentemente, precisaram afinal submeter-se à cirurgia."

Foi também referido que o câncer da bexiga em fumantes de charutos e outros indivíduos que usam o tabaco sofre regressão quando o paciente ingere quantidade suficientemente elevada de ácido ascórbico, um grama ao dia ou mais. Foi constatado ainda que o nível de ácido ascórbico na urina era cerca de metade para os fumantes quando comparado com os não-fumantes, sendo reduzido nos pacientes com tumores de bexiga. Observaram eles também que a implantação de um comprimido contendo ácido 3-hidroxiantranílico (um derivado do aminoácido triptofano) na bexiga de camundongos só ocasiona tumores da bexiga se o animal estiver recebendo uma dieta normal, mas não se ele receber uma dose extra de ácido ascórbico em sua água. Os autores sugerem que o ácido ascórbico evita a oxidação do ácido 3-hidroxiantranílico em um produto cancerígeno. Os autores afirmam que "podem-se considerar benéficos os efeitos de um nível adequado de ácido ascórbico na urina (correspondendo à ingestão de 1,5 g ao dia) como medida preventiva possível em relação à formação de tumores da bexiga e à recorrência de tumores." Chamam também atenção para investigações conclusivas sobre o efeito benéfico que o ácido ascórbico pode apresentar nos processos de aterosclerose, o espessamento e endurecimento das paredes das artérias que acompanha a velhice.

Os pacientes com diversas doenças infecciosas também se beneficiam com o tratamento por ácido ascórbico. Alguns dos trabalhos referentes a estas áreas são discutidos nos últimos capítulos deste livro.

Uma investigação interessante da relação entre a inteligência — quando avaliada pelos resultados dos testes-padrão de capacidade mental (QI) — e a concentração de ácido ascórbico sangüínea foi referida por Kubala e Katz (1960). Os indivíduos analisados foram 351 estudantes de quatro escolas (jardim de infância ao colégio) de três cidades. Foram divididos inicialmente em um grupo com nível elevado de ácido ascórbico (mais de 1,10 mg de ácido ascórbico por 100 ml de plasma sangüíneo) e um grupo de nível baixo de ácido ascórbico (inferior a 1,10 mg por 100 ml) de acordo com a análise das amostras sangüíneas. Pelo ajuste dos pares da amostra de acordo com uma classificação sócioeconômica (renda familiar, educação do pai e da mãe), 72 indivíduos do grupo de nível elevado de ácido ascórbico e 72 do grupo de nível reduzido de ácido ascórbico foram selecionados. Constatou-se que o quociente de inteligência médio do grupo de nível alto de ácido ascórbico era maior que o do grupo de nível baixo de ácido ascórbico em cada uma das quatro escolas; para a totalidade dos 72 pares de indivíduos os valores médios de QI foram de 113,22 e 108,71, respectivamente, com uma diferença média de 4,51. A probabilidade de que a diferença constatada seja encontrada em um teste similar em uma população uniforme é inferior a 5%: em conseqüência, a diferença observada de QI médio dos dois grupos é estatisticamente significativa.

Os indivíduos de ambos os grupos receberam então suco de laranja como suplemento alimentar durante um período de seis meses e os testes foram repetidos. O QI para aqueles que já pertenciam inicialmente ao grupo de nível elevado de ácido ascórbico aumentou muito pouco (somente 0,02), enquanto para o grupo de nível baixo houve um aumento de 3,54 unidades de QI. Esta diferença é também estatisticamente significante (com a probabilidade inferior a 5% de ocorrer ao acaso em uma população uniforme). O estudo continuou durante um segundo ano letivo empregando 32 pares de indivíduos (64 pessoas) com resultados semelhantes. A relação entre o quociente de inteligência médio e a concentração média de ácido ascórbico no plasma para estes 64 indivíduos testados por quatro vezes, durante um período de vários meses, está indicada na figura 2. Estes resultados indicam que o quociente de inteligência eleva-se de 3,6 unidades de QI, quando a concentração de ácido ascórbico no sangue aumenta de 50% (de 1,03 para 1,55 mg por 100 ml). Para muitas pessoas, esse aumento resulta após uma elevação na ingestão de ácido ascórbico de 50 mg por dia para um adulto (passar de 100 mg para 150 mg ao dia).

Kubala e Katz concluíram que parte da variação nos testes de inteligência depende do "estado nutricional do indivíduo, pelo menos em referência às frutas cítricas e outros produtos que contêm vitamina C". Eles sugerem que "a exatidão" ou o "estado de atenção" encontra-se diminuído por uma ingestão baixa de ácido ascórbico.

Não existe indicação de que a capacidade mental máxima tenha sido atingida para o valor de 1,55 mg de ácido ascórbico por 100 ml de plasma sangüíneo.

Esta concentração corresponde, para um adulto de 70 kg, a uma dose diária de aproximadamente 180 mg de ácido ascórbico. Eu acredito que, para uma atividade mental máxima, a ingestão diária de ácido ascórbico deve ser pelo menos 4 vezes os 45 mg recomendados pela Comissão de Alimento e Nutrição do Conselho Nacional de Pesquisas dos EUA, o que corresponde a 9 vezes os 20 mg recomendados pela autoridade britânica correspondente.

As maneiras pelas quais o ácido ascórbico opera no corpo humano estão apenas parcialmente compreendidas. Ele é um agente redutor enérgico, sendo facilmente convertido em ácido desidroascórbico, $C_6H_6O_6$, pela ação de agentes oxidantes.

Esta reação é reversível (o ácido desidroascórbico é facilmente reduzido a ácido ascórbico) e é provável que o poder redutor do ácido ascórbico e o poder oxidante do ácido desidroascórbico sejam responsáveis por algumas das propriedades fisiológicas da substância. Muitos dos resultados da carência de ácido ascórbico mencionados acima envolvem um comprometimento do tecido conjuntivo. O tecido conjuntivo é em grande parte responsável pela força dos ossos, dentes, pele, tendões, paredes dos vasos sangüíneos e outras partes do organismo. Ele consiste principalmente da proteína fibrosa colágeno. Não existe dúvida de que o ácido ascórbico é indispensável para a síntese do colágeno no organismo de seres humanos e de outros animais. O colágeno difere de outras proteínas fibrosas pelo fato de apresentar maior conteúdo do aminoácido desoxiprolina. Existe evidência de que o ácido ascórbico é necessário para a conversão dos resíduos de prolil existentes no procolágeno, o precursor do colágeno, nos resíduos hidroxiprolil que dão ao colágeno suas propriedades características, tornando-o um constituinte fundamental dos tecidos do corpo humano. Esta reação é de oxidação e existem evidências também de que o ácido ascórbico está envolvido em outras reações de oxirredução observadas nos tecidos.

Uma das importantes funções do colágeno é seu papel no reforço do cemento intercelular que mantém as células do nosso organismo reunidas nos vários tecidos. O cemento intercelular contém um mucopolissacarídeo, chamado ácido hialurônico, no qual estão incluídas fibrilas delgadas de colágeno. Estas fibrilas não são sintetizadas quando a ingestão de vitamina C é reduzida. Em seu livro *The Advancing Front of Medicine* (1941), o famoso escritor científico George W. Gray, que estava associado com a Fundação Rockefeller, diz o seguinte sobre o ácido ascórbico: "Estudos recentes demonstram que a vitamina C é essencial à formação da substância colóide que serve como um cimento plástico para ligar as células dos tecidos umas às outras. No indivíduo saudável este material de ligação apresenta ao microscópio um aspecto claro com listras mais escuras e uma textura semelhante à dos fios de aço no concreto armado. Na ausência, porém, de quantidade adequada de vitamina C, as bandas ou faixas não se formam, a substância intercelular torna-se mais liquefeita, menos aderente, e as células apresentam uma tendência a separar-se. As hemorragias que acompanham o escorbuto são conseqüência desta fraqueza na substância intercelular. As células que formam as paredes dos pequenos vasos sangüíneos separam-se e, através das falhas, o sangue extravasa. Estudos microscópicos mostram que logo após a administração de vitamina C a um paciente com escorbuto as faixas reaparecem na substância intercelular e as células separadas juntam-se novamente em um tecido contínuo".

É provável que parte da eficiência da vitamina C contra o resfriado comum, a gripe e outras doenças produzidas por vírus possa ser atribuída a sua capacidade de reforçar o cemento intercelular e, dessa maneira, prevenir ou retardar o deslocamento das partículas de vírus através dos tecidos e para dentro das células.

O ácido ascórbico é um ácido fraco, um pouco mais forte que o ácido acético encontrado no vinagre, porém mais fraco que o ácido cítrico (encontrado no limão e no pomelo), que o ácido láctico (do leite azedo e do chucrute) e que o ácido tartárico (das uvas). Nos líquidos do organismo, que geralmente não são ácidos nem básicos, o ácido ascórbico está completamente dissociado em íons de hidrogênio, os quais se combinam com grupamentos básicos de proteínas ou com o íon bicarbonato. O íon ascorbato é o equivalente à vitamina C e portanto é ele que apresenta o poder de prevenir o escorbuto, fazendo com que o colágeno seja sintetizado e participando de outras reações fisiológicas. Os sais do ácido ascórbico, em particular o ascorbato de sódio e o de cálcio, também se dissociam para produzir o íon ascorbato, que apresenta as mesmas propriedades do íon ascorbato proveniente do ácido ascórbico. A vitamina C pode ser ingerida como ácido ascórbico, ascorbato de sódio ou ascorbato de cálcio, porém somente os sais é que podem ser injetados em consequência das lesões que o ácido poderá ocasionar nas veias ou tecidos.

Em 1970 formulei a hipótese de que a vitamina C também está envolvida na síntese de atividade do interferon, prevenindo assim a penetração de partículas de vírus nas células. A descoberta do interferon foi efetuada em 1957 por Isaacs e Lindenmann. O interferon produzido por células infectadas por vírus é uma proteína que possui a propriedade de se difundir pelas células vizinhas tornando-as capazes de resistir à infecção.

Dessa maneira o interferon melhora a doença. Não havia provas diretas quanto à interação da vitamina C e interferon em 1970, porém alguma evidência já foi mencionada recentemente.

Multivitaminas: suplementação alimentar

Os seres humanos devem ingerir uma quantidade adequada de cada uma das vitaminas, a fim de desfrutarem da melhor saúde possível. Sem dúvida, o consumo ideal varia, de pessoa para pessoa. É provável que praticamente todo mundo se beneficie ao suplementar sua alimentação regular com os elementos particularmente importantes que se denominam vitaminas.

Há um jeito fácil de levar a cabo essa suplementação: tomar cápsulas ou comprimidos que contenham uma série de vitaminas, as chamadas cápsulas multivitamínicas. Há apenas um desses preparados multivitamínicos registrado na Farmacopéia Norte-americana. Chama-se Cápsulas de Decavitamin ou Comprimidos de Decavitamin, U.S.P. Cada cápsula ou comprimido de Decavitamin (os dois apresentam a mesma composição quanto a substâncias ativas) contém dez vitaminas, nas quantidades mostradas na Tabela II-1.

TABELA II-1

Conteúdo das cápsulas ou comprimidos de decavitamin

Substância	*Quantidade*
Vitamina A	4.000 unidades
Vitamina D	400 unidades
Ácido ascórbico	75 mg
Tiamina (B_1)	1,0 mg
Riboflavina (B_2)	1,2 mg
Nicotinamida (niacinamida)	10 mg
Ácido fólico	0,25 mg
Piridoxina (B_6)	2,0 mg
Pantotenato de cálcio	5 mg
Cianocobalamina (B_{12})	0,002 mg

Essas quantidades representam aproximadamente os limites dietéticos recomendados para as dez vitaminas, segundo a Comissão de Alimentos e Nutrição do Conselho Nacional de

Pesquisas dos EUA. Essas quantidades, recomendadas na dieta diária, foram publicadas no oitavo relatório, em 1974, onde são descritas como destinadas à manutenção da boa nutrição de praticamente todas as pessoas saudáveis dos Estados Unidos. São apresentadas na Tabela II-2, para um homem de 70 quilos.

Comparando-se essas quantidades com as quantidades das Cápsulas ou Comprimidos de Decavitamin, vê-se que cada dois comprimidos ou cápsulas dos preparados da U.S.P. contêm as quantidades diárias recomendadas, ou um pouco mais, de todas as vitaminas, exceto a vitamina E, que não consta das Cápsulas ou Comprimidos de Decavitamin.

As vitaminas múltiplas (multivitaminas) em cápsula ou comprimido podem ser adquiridas em grandes drogarias ou supermercados. Na embalagem desses suplementos alimentares encontra-se sua composição, geralmente muito próxima das quantidades estipuladas para a dieta diária que mostramos acima, a não ser pelo ácido fólico, que não consta de alguns preparados.

TABELA II-2

Quantidades dietéticas diárias recomendadas para um homem de 70 kg pela Comissão de Alimentos e Nutrição (FDA) do Conselho Nacional de Pesquisas, EUA

Substância	*Quantidade*
Vitamina A	5.000 Unidades Internacionais
Vitamina D	400 Unidades Internacionais
Ácido ascórbico	45 mg
Tiamina	1,5 mg
Riboflavina	1,6 mg
Ácido nicotínico (equivalente à mesma quantidade de nicotinamida)	18 mg
Ácido fólico	0,4 mg
Piridoxina	2,0 mg
Cianocobalmina	0,003 mg
Vitamina E	15 Unidades Internacionais

O custo da suplementação dietética com dois ou três comprimidos ou cápsulas diários não é grande. Um frasco com 1.000

cápsulas ou 1.000 comprimidos custa, em algumas firmas, cerca de 6 dólares. Em grandes drogarias e em supermercados o preço é mais ou menos o mesmo; já comprei frascos de 250 comprimidos de multivitaminas por um dólar e 79 centavos. A suplementação dietética através desses preparados multivitamínicos, portanto, não custa mais do que alguns dólares por ano.

O custo é muito maior, cinco ou dez vezes maior, se as vitaminas são adquiridas com receita médica ou se têm marca registrada. Não há vantagem alguma nos preparados com marca registrada, nem na obtenção deles através de receita médica.

Além disso, o custo das vitaminas é consideravelmente mais elevado nas lojas de produtos especiais para a saúde. Em um catálogo representativo de uma dessas firmas descobri que 250 comprimidos essencialmente equivalentes aos Comprimidos Decavitamin U.S.P. são vendidos a 150 dólares, o que corresponde a oito vezes o preço mencionado acima. É o mesmo caso da vitamina C: deve-se conferir o preço e a composição de cada preparado vitamínico cuidadosamente antes de comprá-lo, a fim de não se cair em logro e pagar por ele uma exorbitância.

Há sólidas razões para se acreditar que, para a maioria das vitaminas, as quantidades diárias recomendadas são significativamente menores do que o consumo ótimo. Em uma ração diária de alimentos vegetais naturais, os valores de tiamina, riboflavina e niacina são cerca de três vezes superiores às quantidades recomendadas para essas três vitaminas B. Segundo considerações evolutivas parece razoável que o consumo mais elevado dessas vitaminas esteja mais próximo do consumo ótimo, e realmente há provas de que muitas pessoas apresentam melhoria de saúde quando recebem um suplemento dietético em maiores quantidades. Há uma companhia farmacêutica que vende um comprimido Super-B cuja composição é apresentada na Tabela II-3. Esses comprimidos devem ser tomados na dose de um por dia, ou segundo orientação médica.

O professor Roger J. Williams, da Universidade do Texas, sugeriu um suplemento de vitaminas e minerais para garantia nutritiva, segundo a composição que se vê na Tabela II-4, apresentada em seu livro *Physicians Handbook of Nutritional* Science (1975). Comprimidos que contêm cerca de um terço dessas quantidades, à exceção da vitamina K e do cobalto, são manufaturados por uma companhia farmacêutica (Bronson), sendo sugerida a dose de três comprimidos diários para adultos e adolescentes, dois para crianças de seis a doze anos de idade, e um para crianças menores, ou conforme orientação médica.

Sabe-se que muitas pessoas apresentam graves doenças genéticas envolvendo processos fisiológicos orgânicos de que participam as vitaminas. Às vezes a doença pode ser controlada através da ingestão de enormes quantidades da vitamina adequada. Um exemplo desse tipo de doença é a acidúria metilmalônica, discutida no Capítulo 9. É provável que uma particular disposição genética faça com que uma pessoa precise de uma quantidade maior dessa vitamina para gozar de uma saúde ótima. É difícil verificar uma necessidade desse tipo, a não ser por experimentação. É particularmente importante que as pessoas cujo estado de saúde é ruim ou limítrofe sejam bem nutridas, e que se procure ver se um elevado consumo de vitaminas lhes traz benefício (tratamento megavitamínico). Felizmente as vitaminas hidrossolúveis (vitaminas B e vitamina C), bem como a vitamina E, apresentam toxicidade muito baixa e poucos efeitos colaterais sérios. É preciso precaução contra a ingestão muito grande de vitamina A, vitamina D e vitamina K.

O tratamento megavitamínico tem sido especialmente bem-sucedido com pacientes esquizofrênicos, tendo sido a niacina ou a niacinamida e a vitamina C as principais vitaminas usadas.

A bibliografia sobre a relação entre doenças e vitaminas outras que não a vitamina C é tão vasta que não pode nem mesmo ser sumarizada neste livro. Entre os livros que cobrem essa área estão os de Williams (1974), Cheraskin e Ringsdorf (1971, 1974), Rosenberg e Feldzamen (1974) e Passwater (1975).

É sensato não confiar inteiramente nessa suplementação como garantia de uma alimentação essencial. Não há necessidade de ingerir os aminoácidos essenciais como suplemento dietético se a ingestão de proteínas atinge quantidades adequadas. Além disso, embora se acredite que os nutrientes essenciais mais importantes para o homem já sejam conhecidos, ainda existe a possibilidade de que alguns não tenham sido descobertos. Por isso, concordo com os especialistas em nutrição, que acham que todas as pessoas devem ingerir uma dieta bem balanceada, com boa porção de verduras, bem preparadas, e frutas frescas, tais como laranjas ou pomelos.

Se dependêssemos inteiramente de alimentos vegetais crus e frescos, como nossos ancestrais há alguns milhões de anos, não haveria necessidade de nos preocuparmos em assegurar quantidades adequadas de elementos essenciais, como as vitaminas. O conteúdo de vitaminas nos alimentos é reduzido pelos métodos modernos de processamento, bem como pelo cozimento. De modo que freqüentemente torna-se necessário suplementar a dieta pela ingestão de quantidades adicionais desses importantes alimentos, particularmente o ácido ascórbico, pelas razões anteriormente discutidas neste livro.

Há certa controvérsia a respeito do papel dos chamados bioflavonóides (vitamina P), substâncias extraídas das frutas cítricas e de outras frutas, na suplementação do poder protetor do ácido ascórbico contra o resfriado. Os bioflavonóides são eficazes na prevenção da fragilidade e permeabilidade dos capilares em cobaias, e foram usados em certa escala na redução da fragilidade e permeabilidade capilar em seres humanos. A vitamina P não foi incluída no competente tratado de Wagner e Folkerls, *Vitamins and Coenzymes* (1964). No estudo de Franz, Sands e Heyl (1956), verifica-se que os pacientes tratados com ácido ascórbico apresentavam melhora mais rápida de resfriados; não se verificou, porém, nenhuma diferença entre aqueles que receberam bioflavonóides, com ou sem ácido ascórbico, e os que não o receberam. Além disso, como foi mencionado no Capítulo 6, Régnier (1968) relatou que iniciou seus trabalhos usando as duas substâncias, ácido ascórbico e bioflavonóides, mas logo notou que o ácido ascórbico sozinho parecia ser tão eficaz quanto a mesma quantidade de ácido ascórbico associada a bioflavonóides.

Concluo que provavelmente os bioflavonóides não têm muito valor no controle de resfriados, e portanto não precisam ser incluídos no regime.

Além do consumo adequado de ácido ascórbico, é indispensável uma boa nutrição geral para proteção contra resfriados e outras infecções. Tem sido apontada a redução da susceptibilidade a resfriados pelo aumento no suprimento diário de vitamina A para algumas pessoas, e de vitamina E para outras. Entretanto, a maior desproporção entre o consumo ótimo e o consumo usualmente recomendado é a do ácido ascórbico; e é também o ácido ascórbico que tem fornecido maiores provas de ser o mais importante elemento na prevenção de resfriados.

TABELA II-3
Composição de um comprimido de Super-B

Substância	*Quantidade*
B_1 (mononitrato de tiamina)	50 mg
B_2 (riboflavina)	50 mg
B_6 (cloridrato de piridoxina)	50 mg
B_{12} (cianocobalamina)	0,1 mg
Ácido fólico	0,4 mg
Biotina	0,4 mg
Pantotenato de cálcio-D	100 mg
Niacinamida	300 mg

TABELA II-4
Suplemento de vitaminas e minerais sugerido pelo professor Williams

Substância	*Quantidade*
Vitamina A	7.500 unidades
Vitamina D	400 unidades
Vitamina E	40 unidades
Vitamina K (menadiona)	2 mg
Vitamina C	250 mg
Tiamina	2 mg
Riboflavina	2 mg
Vitamina B_6	3 mg
Vitamina B_{12}	0,009 mg
Niacinamida	20 mg
Ácido pantotênico	15 mg
Biotina	0,3 mg
Ácido fólico*	0,4 mg
Colina	250 mg
Inositol	250 mg
Ácido para-amino benzóico	30 mg
Rutina	200 mg
Cálcio	250 mg

Fosfato	750 mg
Magnésio	200 mg
Ferro	15 mg
Zinco	15 mg
Cobre	2 mg
Iodo	0,15 mg
Manganês	5 mg
Molibdênio	0,1 mg
Cromo	1 mg
Selênio	0,02 mg
Cobalto	0,1 mg

* Seria recomendada uma quantidade mais alta do que 0,4 mg (cerca de 2 mg) se não houvesse conflito entre regulamentos da Administração de Alimentos e Drogas dos EUA (FDA).

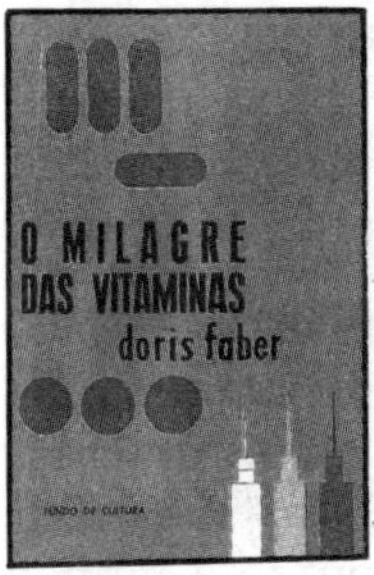

O MILAGRE DAS VITAMINAS
Doris Faber
Formato: 14 x 21
132 páginas
Editora Fundo de Cultura
São Paulo
1965
(Ver pág. 135)

A Revolução do Pão

DORIS FABER

Em maio de 1941 os Estados Unidos não estavam em guerra. Até o dia 7 de dezembro do mesmo ano, quando os aviões japoneses sobrevoaram e bombardearam Pearl Harbor, o país havia se conservado em paz. No entanto, a Segunda Guerra Mundial já tinha começado havia quase dois anos, desde que a Alemanha nazista atacara a Polônia, no outono de 1939. À medida que as tropas de Hitler iam avançando implacavelmente por toda a Europa e conquistando um país depois de outro, os Estados Unidos iam ficando cada vez mais ameaçados de se envolver no conflito. Para defender o solo americano, se isso fosse necessário, e para ajudar a França e a Grã-Bretanha em sua luta pela liberdade, o presidente Franklin D. Roosevelt tomou várias medidas de emergência, na primavera de 1941. Jovens foram convocados para servir nas Forças Armadas, foram construídas fábricas de material de guerra, fabricaram-se aviões, a pesquisa sobre armas de guerra foi acelerada e em maio o presidente Roosevelt convocou o Conselho Nacional de Nutrição.

Entre todas as medidas vitais tomadas nessa época de crise, poucas foram tão importantes como esta convocação para um encontro dos especialistas em alimentação. Dessas reuniões brotou a semente de uma revolução — uma das mais auspiciosas revoluções de toda a História. As conseqüências das reuniões foram ótimas e as coisas boas, até hoje, têm sido sempre recebidas com agrado.

A missão dos homens e mulheres peritos em alimentação que viajaram até Washington a convite do presidente Roosevelt era relativamente limitada. Foram encarregados de estudar como é que os recursos norte-americanos para produção de alimentos podiam ser aproveitados se a guerra chegasse, e como se poderia providenciar a alimentação dos soldados e da população civil também. Mas o que os peritos realizaram foi muito mais do que isso.

Quando o grupo de especialistas em nutrição se reuniu em Washington, em 1941, já se conhecia um grande número de informações básicas sobre o importante papel das vitaminas na alimentação diária. Também se conheciam pormenores muito interessantes acerca das necessidades que o organismo tinha de pequenas quantidades de certas substâncias minerais, como o ferro e o cálcio. Mas entre os peritos também havia a opinião largamente divulgada de que, mesmo num país rico como os Estados Unidos, ainda existia um grande número de pessoas que não se beneficiava de quantidades suficientes de vitaminas ou de substâncias minerais e isso era devido a duas razões principais. Por um lado, o público em geral não estava devidamente informado do problema; por outro, os processos modernos de preparação dos alimentos, que se tinham tornado necessários com o afluxo das populações às grandes cidades, destruíam inevitavelmente grande parte das vitaminas contidas nos gêneros alimentícios mais comuns.

O pão, por exemplo, já não podia oferecer as vantagens que antigamente eram oferecidas pela vitamina B da farinha de trigo integral, porque a farinha moída por processos antigos não podia atender às necessidades da vida moderna. A antiga farinha de trigo integral não se conservava por muito tempo e, além disso, ia acontecer a mesma coisa que se verificou quando se pretendeu que as pessoas comessem arroz marrom em vez de arroz branco. Certamente, a maioria das pessoas não iria querer comprar pão duro e de cor mais escura, quando podia comprar pão branco e fofinho com toda a facilidade. Mesmo o chamado pão de trigo integral, que ainda se fabricava com certa regularidade, era feito com uma mistura de farinha integral e farinha branca, mas a quantidade de pães fabricados por este processo, no país inteiro, não atingia sequer três por cento da produção total.

Alguns dos especialistas em nutrição mais conservadores ficaram esperando por toda a década de 1930 para que o público fosse convenientemente instruído e pudesse compreender as vantagens de se querer voltar à moda antiga do pão integral. Depois disso, até mesmo os núcleos mais pobres da população ficariam convencidos de que assim estavam recebendo uma quantidade suficiente de vitaminas. Pois não era o pão o principal incentivador da vida?

Mas as opiniões dos mais realistas, que acreditavam que não era possível voltar-se atrás, pouco a pouco foram prevalecendo. Em 1939, o Conselho de Alimentação da Associação Médica Americana mandou imprimir um folheto aconselhando uma "fortificante adição de vitaminas ou substâncias minerais... com finalidades nutritivas, de uma maneira geral". Isso verificou-se pouco depois de o Dr. Robert R. Williams, que conseguiu produzir a vitamina B sinteticamente, ter advertido às indústrias de moagem e de panificação para que tivessem especial cuidado na fabricação de seus produtos e que lhes dessem um valor nutritivo igual "ao que os grãos possuíam em seu estado natural... tal como eram consumidos pelos homens primitivos. Se o processo de conseguir isto consiste na adição de produtos sintéticos ou na conservação dos elementos nutritivos naturais que já existem nos víveres, isto é coisa que fica ao critério dos industriais" — acrescentou o cientista. "Ignorar fatos científicos que hoje em dia já fazem parte do conhecimento geral pode ser a origem de uma falência, se o problema diz respeito a empresas comerciais." E no mesmo ano, vários donos de padarias resolveram fazer o teste de acrescentar vitaminas e pílulas de substâncias minerais à massa com que fabricavam o pão.

Uma vez que nenhum produto químico podia ser misturado nos alimentos sem a aprovação do Serviço de Alimentação e Drogas de Washington, foram feitos inquéritos por este organismo, no sentido de colher opiniões dos especialistas em nutrição sobre a nova idéia que tinha sido lançada. Nos relatórios destes peritos, a palavra "enriquecer" foi usada, pela primeira vez, com a significação de acrescentar determinadas vitaminas ou sais minerais a um produto alimentício.

Porém, embora já estivesse em elaboração um programa de enriquecimento de gêneros alimentícios e tentativas idênticas tivessem já sido começadas na Inglaterra, a extraordinária revolução do pão, que teve tão longo alcance, não tinha na realidade começado antes da reunião de nutricionistas ter sido convocada pelo presidente Roosevelt. A partir de então, comissões de especialistas passaram a trabalhar durante horas seguidas para elaborar as primeiras normas oficiais sobre as necessidades de vitaminas dos seres humanos. Na segunda página de uma instrução publicada pelo Conselho de Pesquisas da Academia Nacional de Ciências, era apresentada uma tabela dos elementos nutritivos essenciais que uma pessoa devia consumir diariamente e que constituíam, por assim dizer, uma conclusão das advertências previamente indicadas. O caminho estava agora desbravado e a comissão de nutricionistas exigia que fosse iniciado, com a máxima urgência, um programa para o enriquecimento do pão que abrangesse o país inteiro. Em face da grave crise de emergência que a nação atravessava, a cooperação da indústria de panificação estava praticamente assegurada. Um ano depois de ter sido realizada a reunião dos técnicos, setenta e cinco por cento de todo o pão branco e de toda a farinha de mesa que se vendiam nos Estados Unidos tinham sido enriquecidos por decisão voluntária de seus fabricantes!

Nessa altura, o incidente de Pearl Harbor tinha levado o país à guerra. O Serviço de Alimentação, adaptando suas funções à situação de emergência criada pela guerra, assumiu a missão de proteger a saúde dos soldados que combatiam no campo de batalha e a dos civis que com eles cooperavam, trabalhando em qualquer ponto dos Estados Unidos. Em janeiro de 1943, o Serviço de Alimentação fez expedir uma ordem, onde pedia que todo o pão fabricado no país fosse enriquecido com diversas vitaminas do complexo B e ferro.

Deste modo, quase toda a população dos Estados Unidos passou a receber a quantidade adequada destes elementos nutritivos que diariamente deve ser consumida. Simultaneamente, eram aperfeiçoadas novas técnicas para misturar outras vitaminas nos alimentos mais comuns. Com a divulgação do processo da homogeneização do leite, ou seja, centrifugá-lo em alta rotação, de modo que a gordura se disperse em pequenos glóbulos que não chegam a vir à superfície da nata, tornou-se bastante fácil misturar-lhe vitamina D. (Tal como as vitaminas A, E, K, a vitamina D é uma substância insolúvel na água, mas que se dissolve com facilidade nas gorduras e nos óleos, e por isso não podia ser convenientemente misturada no leite não homogeneizado.) Além do que já se tinha feito, também foram adotados métodos simples de enriquecer a margarina com vitamina A, conferindo-lhe um valor nutritivo igual ao da manteiga. O enriquecimento de sucos de frutas com vitamina C também se tornou possível.

Embora seja muito difícil provar isso cientificamente, alguns especialistas em nutrição admitem que o povo dos Estados Unidos nunca esteve tão bem alimentado como durante os anos de guerra, apesar dos racionamentos de muitos gêneros alimentícios, como a carne e a manteiga, e apesar de toda a espécie de vicissitudes que o país sofreu naquela altura.

Isso não pode ser provado porque, na mesma altura, também foram feitos outros importantes progressos nos mais diversos ramos da ciência. Os remédios verdadeiramente milagrosos que se inventaram também deviam ter sua responsabilidade no melhoramento do nível de saúde da população e provavelmente não era só ao novo regime alimentar que se devia atribuir o êxito de certas investigações realizadas, pelas quais se veio a provar, por exemplo, que os estudantes colegiais tinham crescido, num determinado período, mais cinco centímetros que seus avós quando tinham a mesma idade. Mas o regime de alimentação devia — e realmente conseguiu — merecer as honras de ter banido as clássicas doenças de carência de vitaminas de todo o território dos Estados Unidos nos anos que se seguiram a 1940. Depois de desencadeada a revolução do pão, a pelagra, o raquitismo e o escorbuto tornaram-se tão raros que muitos médicos que hoje exercem sua profissão nunca viram um só caso destas doenças em toda a sua carreira. E muitas das mais estranhas doenças, provocadas pela carência de vitaminas, também desapareceram.

Embora o Serviço de Alimentação fosse dissolvido quando a guerra terminou, muitos estados elaboraram seus regulamentos próprios para o enriquecimento dos alimentos com vitaminas. E em muitos outros, onde esse enriquecimento não era controlado por qualquer legislação, as indústrias de gêneros alimentícios continuaram voluntariamente adicionando vitaminas aos produtos que fabricavam. Verificou-se, por exemplo, que em 1960, oitenta a noventa por cento de todo o pão branco que se fabricava era enriquecido com vitaminas. Os outros dez a vinte por cento diziam respeito aos pães fabricados pelas padarias dos subúrbios, que eram realmente deliciosos mas não tinham sido enriquecidos com vitaminas.

Os diretores das empresas que fabricavam gêneros alimentícios haviam chegado à conclusão de que "o enriquecimento dos víveres com vitaminas tinha sido um bom negócio". Como as campanhas promovidas pelos organismos de saúde pública, destinadas a instruir o povo sobre as vitaminas, tinham conseguido convencer as donas-de-casa americanas das vantagens de sua utilização, quase todas elas passaram a preferir os produtos que a publicidade anunciava como enriquecidos e a deixar de lado produtos similares, que não tinham sido beneficiados pelo enriquecimento. Para proteger os consumidores contra abusos injustificáveis, o Serviço de Alimentação e Drogas só permite que sejam utilizados programas de enriquecimento que obedeçam às normas por ele impostas. Todavia, o organismo não pode obrigar um fabricante de sucos de frutas a adicionar vitamina C aos seus produtos nem proibi-lo de, em determinadas circunstâncias, lhes misturar uma quantidade previamente autorizada da referida vitamina. No entanto, exige que todos os produtos enriquecidos sejam acompanhados de um rótulo elucidativo, onde se especifique claramente a quantidade exata de vitaminas misturadas e se a quantidade dessa vitamina, contida em determinada parcela de alimento, é bastante para suprir a necessidade que um indivíduo dela tem diariamente.

Se um produto deve ser, ou não, enriquecido é coisa que está fora do alcance das leis dos diversos estados. Na Carolina do Sul, por exemplo, onde o arroz é um dos elementos fundamentais da alimentação, foi decretada uma lei em 1956 ordenando que todo o arroz vendido naquele estado devia ser enriquecido. Há outros estados que permitem, mas não obrigam, o enriquecimento dos gêneros alimentícios. "Os problemas políticos e econômicos assumem muito maior importância que a nutrição, sempre que se levanta a questão de enriquecer os alimentos" — comentou um técnico nutricionista. "Por exemplo, os proprietários de pomares de macieiras têm feito tudo para ver se conseguem autorização para misturar vitamina C no suco de maçã enlatado; no entanto, os proprietários de laranjas da Flórida e da Califórnia têm-se oposto a esta medida. Mas no Canadá, para se evitar a despesa com a compra de laranjas dos Estados Unidos e para atender às necessidades de vitamina C da população, é obrigatório acrescentar vitamina C ao suco de maçã.

Não só no Canadá mas também em muitos outros países do mundo ocidental têm sido adotados ultimamente um ou vários programas de enriquecimento dos gêneros alimentícios. Se bem que a França ainda proíba a mistura de substâncias "estranhas", inclusive vitaminas, no pão que lá se fabrica, há vários outros países, onde o pão constitui uma das bases da alimentação, em que o seu enriquecimento é feito obrigatoriamente ou de acordo com o critério de quem o fabrica. Na Itália já vendem alguns tipos de espaguete enriquecido e em vários países da América Latina estimula-se o enriquecimento do arroz. Mas, com exceção da Grã-Bretanha e dos países escandinavos, não deve talvez existir outra nação onde o enriquecimento dos víveres seja feito na escala em que se pratica nos Estados Unidos. Embora em toda a parte do mundo os programas de enriquecimento dos alimentos tenham sido postos em prática, desde há algum tempo, e se bem que os estudos comparados tenham demonstrado notáveis progressos na melhoria do nível sanitário das populações, principalmente entre a gente mais pobre, o sistema ainda não se vulgarizou tanto como entre os americanos.

Infelizmente, o progresso mais lento tem se verificado nas regiões do mundo em que a falta de vitaminas representa um dos mais graves problemas. Equipes de nutricionistas dos departamentos de saúde do mundo inteiro têm trabalhado durante anos no Extremo Oriente, onde o beribéri ainda constitui uma das mais perigosas ameaças, a fim de incentivarem o enriquecimento do arroz em larga escala. De 1948 a 1950, na península de Bataã, nas Filipinas, onde ocorreu uma das primeiras batalhas da Segunda Guerra Mundial na frente do Pacífico, houve uma Segunda Batalha de Bataã, em que ficou claramente demonstrado que podiam ser salvos milhares de vítimas de beribéri se se misturasse vitaminas e ferro ao arroz beneficiado. No início da "batalha", mais de 12.000 pessoas foram examinadas e cerca de treze por cento estavam atacadas de beribéri. Mas, antes de terem decorrido dois anos após as primeiras experiências com arroz enriquecido, o beribéri tinha sido praticamente eliminado de toda a região afetada. Os casos mortais da doença quase tinham desaparecido e noventa por cento das primeiras vítimas ou já tinham sido curadas ou estavam em vias disso.

Os espetaculares resultados destas experiências entusiasmaram de tal maneira os países onde o arroz constituía uma das principais fontes de alimentação que a Tailândia e a República Dominicana logo adotaram leis permitindo o enriquecimento do arroz.

Todavia, os progressos alcançados estavam sendo ainda muito lentos, principalmente devido à falta de cooperação dos milhares de pequenos beneficiadores de arroz que precisam ser convencidos em todos os países menos desenvolvidos industrialmente. "Não é que eles queiram que o povo continue morrendo" — explicou um inspetor de um organismo de saúde. "Mas comprar vitamina pré-combinada para utilizá-la num processo de enriquecimento, é uma coisa que custa dinheiro, e uma despesa extra, mesmo que seja insignificante, pode colocar um fornecedor em posição desvantajosa com relação aos concorrentes. Além disso, existe o problema dos impostos em várias regiões. Se considerarmos que todos os vendedores de arroz têm de pagar uma taxa sobre o valor total das vendas, e se alguns deles não declararem rigorosamente o total vendido, o governo ficará com um ótimo trunfo nas mãos para descobrir quem não paga impostos, pois como existem muito poucas fontes nas quais a vitamina pré-combinada possa ser adquirida e como só se emprega uma quantidade determinada para cada quilo de arroz, torna-se extremamente fácil para o governo verificar a quantidade de arroz vendido por um fornecedor. Estas razões impedem que os programas de enriquecimento sejam bem recebidos."

Em face disso, estão sendo promovidas intensas campanhas para educar as populações de muitos países subdesenvolvidos da Ásia, América do Sul e África e ministrar umas noções sobre suas necessidades de vitaminas, utilizando para isso tabelas, que às vezes são reproduzidas em dez dialetos diferentes, e ainda gráficos e outro material preparado para as pessoas que não sabem ler. Espera-se que, por esse processo, a procura de vitaminas vá aumentando gradualmente e que, no futuro, a abertura de novos mercados para a indústria de vitaminas venha a ser uma realidade.

Nos Estados Unidos, esta indústria já se tornou de fato um grande negócio. Atualmente, está se produzindo, por processos artificiais, cerca de meio bilhão de dólares de vitaminas todos os anos, sendo aproximadamente metade desta produção destinada a tabletes e comprimidos que são vendidos em doses individuais. A outra metade é empregada na indústria de alimentos, sendo repartida por vários programas de enriquecimento de víveres. E nos últimos anos tem-se intensificado cada vez mais a aplicação do enriquecimento de vitaminas à alimentação dos animais, de modo a permitir que os fazendeiros norte-americanos obtenham consideráveis melhorias nas suas criações de galinhas, vacas e porcos. Considerando bem, esse último sistema também constitui uma forma de dar mais vitaminas aos seres humanos, porque o aumento econômico da produção de carne e ovos faz com que esses produtos, altamente nutritivos, possam ser mais facilmente obtidos pelo consumidor.

Desde os extraordinários progressos conseguidos na década de 1930, as pesquisas realizadas nos laboratórios têm-se esforçado incansavelmente por descobrir processos de fabricar vitaminas baratas e em grandes quantidades. Mas a produção de vitaminas em alta escala só se tornou uma realidade na década seguinte, quando tiveram de ser encarados os problemas de fabricação de grandes quantidades delas, para atender às exigências dos novos programas de enriquecimento de gêneros alimentícios. As principais firmas produtoras de drogas, nos Estados Unidos e na Europa, começaram então a registrar patentes de novos métodos de fabricar vitaminas artificialmente, que iam sendo inventados uns após outros. Isto parecia ser um bom augúrio para a descoberta de um método mais eficiente de produzir vitaminas em larga escala e a construção de gigantescos laboratórios-fábricas para a fabricação de vitaminas em grandes quantidades passou a ser uma coisa comum.

Desde 1950, os cinco principais produtores de vitaminas norte-americanos têm sido responsáveis pela fabricação da maior parte das vitaminas manufaturadas anualmente nos Estados Unidos. Cada um deles especializou-se na fabricação de uma, duas ou três vitaminas, tendo aperfeiçoado seus sistemas de produção com métodos extraordinariamente eficientes. De todo o produto fabricado por estas cinco empresas, apenas uma pequena parte é posta à venda com alguma marca adotada pelas fábricas. O restante é destinado a muitas outras finalidades e industrializado sob várias formas — é comprimido em tabletes, acondicionado em cápsulas ou prensado sob a forma de hóstias que são depois empregadas para enriquecer a massa com que se fabrica o pão, ou para aumentar o valor nutritivo das rações diárias de um rebanho.

Embora cada um dos processos de fabricação artificial de vitaminas seja diferente, há entre todos eles determinadas particularidade comuns. Num edifício que às vezes chega a ser tão grande como um quarteirão, enormes caldeiras de metal, tão altas como um quarto andar, filtram ou fermentam as substâncias que vão ser preparadas. Ao lado, uns vasilhames menores, bastante parecidos com máquinas de lavar roupa, vão centrifugando as soluções químicas com velocidades que chegam a atingir novecentas rotações por minuto. Um labirinto de peças de metal e tubos de vidro estabelece a comunicação entre estes "besouros" e outras tinas ou caldeiras, enquanto uma correia de transporte vai levando os enormes recipientes de vidro onde as vitaminas em pó são acondicionadas. Alguns homens, de macacões muito limpos, vão inspecionando as máquinas e acionando uma ou outra manivela. Todavia, o complicado processo de elaboração é totalmente orientado por cérebros mecânicos, que transmitem instruções de seus painéis de controle cravejados de mostradores e luzes coloridas. Depois, cá fora, numa outra seção, os cientistas de bata branca inspecionam a pureza do produto final, por meio de complicados testes de cores ou então com umas caixinhas mágicas que, utilizando a espectroscopia dos raios ultravioleta, vão traçando gráficos que indicam aos especialistas a exata composição química da substância analisada.

Nos primeiros tempos da produção de vitaminas, os processos de fabricação utilizavam muitas vezes um alimento natural. De enormes quantidades de levedura de cerveja ou de óleo de peixe, eram extraídas quantidades insignificantes de vitaminas. "Quando começamos a fabricar a vitamina B", recorda um administrador de uma companhia produtora de drogas, "todos os dias era descarregado um caminhão que trazia cinquenta barris de uma mistura de levedura de cerveja. Precisávamos da levedura para iniciar a fabricação do produto concentrado de onde se extraía a vitamina. Aquela cerveja toda nos dava bastante que fazer, mas hoje o processo de fabricação é inteiramente diferente", acrescentava o homem, com certa saudade.

Atualmente, em quase toda parte, a produção de vitaminas por processos artificiais iniciase com uma substância de composição química bastante semelhante, mas também fabricada artificialmente. No caso da vitamina A, por exemplo, o maior progresso feito para se obtê-la por métodos artificiais, em larga escala, veio quando se descobriu que uma substância existente no óleo de uma variedade de grama quase desconhecida podia ser usada como matériaprima básica. Um produto químico conhecido como citral e descoberto no óleo dessa ervaazeda, que é plantada em pequenas quantidades na Guatemala e na Índia para ser usada na indústria de perfumes desses países, provou ser uma matériaprima ideal para se iniciar o processo de fabricação. Mas, dentro de um ano, o preço de venda por atacado do óleo de ervaazeda subiu de setenta centavos para quatro dólares por quilo, quando os produtores da planta naqueles países descobriram a mina de ouro que tinham nas mãos. Isso fez com que a firma Hoffmann-La Roche, com seus laboratórios químicos e fábricas instalados em Nova Jérsei, se propusesse descobrir um processo de fabricar o seu próprio citral. Uma vez descoberto o método de fabricá-lo, tornou-se possível produzir imensas quantidades de vitamina A, por um preço muito baixo.

"Quando fabricávamos a vitamina A com óleo de fígado de hipoglosso, cada milhão de unidades produzidas ficava-nos por setenta e cinco centavos de dólar", disse um dos diretores da La Roche. "Quando introduzimos o processo de fabricar a matéria-prima sinteticamente, em 1952, passamos a vender a vitamina a trinta e cinco centavos por milhão de unidades, e esse preço já era considerado extremamente baixo. Agora, em 1962, cada milhão de unidades produzidos custa sete centavos e meio de dólar".

CURA NATURAL
Mark Bricklin
Formato: 14 x 23
368 páginas
Editora Abril/
Círculo do Livro
C. Postal 7.413
São Paulo
1986
(Ver pág. 137)

A Defesa do Corpo

DR. MARK BRICKLIN

Este importante capítulo, cujo nome completo é As Últimas sobre a Cura Natural — Como o Corpo se Defende e se Trata, extraído do livro Cura Natural, *de autoria do dr. Mark Bricklin, publicado no Brasil pelo Círculo do Livro, com consultoria do dr. Décio Teixeira Noronha, não trata propriamente de vitaminas.*

Sua abordagem é mais ampla e generalizada. Em linguagem simples e popular são analisados e sugeridos tratamentos de cunho popular para a cura de várias doenças.

Por tratar-se de informações de grande interesse de todas as pessoas com problemas de saúde, e por ser de vital importância para a manutenção de nosso bem-estar físico e emocional, decidimos incluí-lo como texto integrante deste livro.

O nosso leitor sentir-se-á culturalmente enriquecido ao tomar conhecimento das informações do dr. Mark Bricklin.

A fim de atingir a idade reprodutora, cada um de nós deve manter uma luta quase contínua contra o ataque violento de doenças e organismos virulentos. Através dos séculos desenvolvemos um sistema de defesas extremamente sofisticado, complexo e eficiente. Esta eficácia é atestada pelo fato de ainda estarmos sobre a Terra, embora durante quase toda a existência do homem ele não tenha contado com um auxílio médico formal.

À medida que se desenvolviam as várias formas de vida também se desenvolviam os mecanismos de defesa do organismo. Até mesmo as formas de vida relativamente simples como a ameba e outros "animais" unicelulares possuem defesas complicadas. Mas os mecanismos imunológicos, a proteção mais sofisticada de que dispomos, não apareceram até o desenvolvimento de animais com espinha dorsal; seus primeiros traços apareceram em vertebrados marinhos primitivos há quatrocentos milhões de anos. Há mais ou menos 250 milhões de anos, um sistema comparável ao do homem apareceu em espécies superiores de tubarão; desde então, refinamentos adicionais produziram o complicado sistema de répteis, pássaros e finalmente mamíferos.

Os métodos desenvolvidos pelo corpo humano para manter sua integridade podem ser divididos em dois grandes grupos: os defensivos e os reparadores.

Os métodos defensivos podem ser subdivididos entre os que tentam impedir a invasão por agentes externos como substâncias químicas, partículas e organismos (bactérias e vírus) e aqueles que operam quando as defesas de primeira linha falharam e nosso corpo foi "invadido".

Mecanismos de defesa de primeira linha

O epitélio — De importância fundamental entre a primeira linha de defesas é a nossa pele, este órgão complexo que — entre outras funções — age como uma barreira física entre o mundo exterior e a delicada maquinaria do nosso corpo. Sua camada externa é composta pela queratina, uma proteína formada dentro das células superficiais da pele. Quando essas células amadurecem elas se enchem de queratina e finalmente morrem, deixando uma camada sem vida desta proteína. (Grandes acúmulos deste material constituem o que chamamos de "calo"). Abaixo da camada de queratina estão as células da epiderme, uma camada com a espessura de várias células e unidas por firmes ligações intercelulares. A parte mais profunda ou a camada basal da epiderme é composta de células que se dividem freqüentemente, formando novas células que se movem para fora, quando amadurecem formam a queratina e são finalmente expelidas, dando o lugar a novas células. Assim, a nossa pele está se renovando constantemente.

Abaixo da epiderme está a derme e juntas essas duas camadas formam o que comumente chamamos de pele. A derme contém numerosos vasos sanguíneos, linfáticos, nervos, glândulas sudoríparas, glândulas sebáceas e pedículos pilosos sobre um fundo de colágeno (outra proteína, especialmente resistente) e fibras elásticas. Juntos esses elementos dão resistência e elasticidade à nossa pele.

A espessura da pele varia nas diferentes partes do nosso corpo, dependendo do esforço a que ela é submetida; a pele é muito grossa nos calcanhares e nas solas do pé, fina no abdômen e no rosto. Em condições normais (ou melhor, ideais) a maioria das bactérias e vírus não pode penetrar na pele, embora algumas consigam realizar esta façanha. Infelizmente existem muitas vezes rachaduras microscópicas que permitem o acesso das bactérias à pele e, às vezes, através dela.

A pele é também impermeável a muitas substâncias químicas, o que se deve em parte à camada oleosa, chamada sebo, que a reveste e que é segregada pelas glândulas sebáceas localizadas próximo aos pedículos pilosos.

O sebo age como lubrificante, ajudando a conservar a pele macia e flexível, e servindo também como uma espécie de camada protetora. Além disso, os ácidos graxos de que se compõe parecem exercer uma influência inibidora sobre certas bactérias. O pH ácido do suor age de maneira semelhante, inibindo o desenvolvimento de bactérias.

Embora o sebo esteja sendo formado continuamente, uma lavagem muito freqüente com sabões ou constantes imersões em água podem reduzi-lo a ponto de deixar a pele excessivamente seca e causar rachaduras. A vitamina A é importante para a formação do epitélio, as células que revestem as superfícies do corpo — externas ou internas — e uma deficiência desta vitamina tende a causar a formação inadequada de queratina nessas superfícies epiteliais. O excesso de queratina pode causar escamações secas ou "pele de sapo". No caso da conjuntiva e da córnea, o revestimento ou "pele" do olho, a formação inadequada de queratina pode provocar danos sérios à visão, ou até mesmo cegueira.

A luz do sol, hoje tão venerada por muitas pessoas, é potencialmente muito prejudicial à pele e ao nosso bem-estar geral. Uma exposição de muitos anos à luz do sol pode causar danos à pele de várias maneiras diferentes. O tecido elástico localizado na derme sofre uma alteração degenerativa conhecida como elastose solar, que resulta em rugas e perda do tônus natural da pele. A pele seca é outro perigo da exposição excessiva à luz do sol. O maior perigo, no entanto, é a radiação ultravioleta da luz solar. Isto provoca uma maior incidência de cânceres da pele; este tipo de câncer raramente causa a morte, mas provoca muitas vezes uma séria deformação ou exige uma cirurgia radical para eliminação do tumor. Para a pessoa normal, a luz do sol em doses moderadas não representa qualquer perigo; também um ou dois verões de banhos de sol não significam grandes riscos. Mas se você gosta de pescar, jogar golfe, jardinagem etc., e espera praticar esses hobbies durante muitos anos, é obrigatório o uso de um chapéu de abas largas que proteja o seu rosto. Você também deve usar uma camisa. As loções bronzeadoras convencionais não protegem a pele da radiação ultravioleta prejudicial; mas existem loções especiais que podem lhe dar esta proteção. Uma das poucas loções altamente eficientes é uma solução da vitamina PABA (ácido para-aminobenzóico) em álcool etílico; esta loção deve ser aplicada em intervalos de duas horas.

É a epiderme, mais do que a derme interior, que age primariamente como uma barreira. Uma vez penetrada, o rico suprimento vascular e linfático da derme proporciona acesso ao resto do corpo. Considerando-se a presença de bactérias em todos os lugares e a esterilidade geral dos tecidos no fundo da epiderme, podemos concluir que a epiderme faz um trabalho muito eficiente.

Os espirros e a tosse — O nariz e a boca constituem portais de entrada para as profundezas do corpo. A parte do nariz que é formada pelas narinas é revestida com pêlos que agem como uma espécie de armadilha ou tela protetora e que captam as partículas invasoras maiores e impedem sua passagem para os pulmões. O revestimento ou mucosa do trato respiratório superior se compõe de células especiais que formam o epitélio respiratório. Essas células têm a superfície coberta com numerosos cílios (cabelos microscópicos, medindo cerca de 2/1.000 de milímetro de comprimento); entremeadas com essas células estão numerosas glândulas mucosas que segregam um fluido levemente viscoso. A ação combinada do muco e dos cílios aprisiona as bactérias e outros materiais estranhos. Quando você espirra ou assoa o nariz, essas bactérias ou materiais estranhos podem deixar o seu organismo. Os cílios que revestem a traquéia e as passagens de ar dos pulmões se movimentam continuamente de maneira a projetar o muco e o material aprisionado para cima e para a parte de trás da boca, de maneira que eles possam ser expectorados ou engolidos. Deve-se observar que o hábito de fumar cigarros paralisa este movimento dos cílios. Assim, os fumantes tendem a acumular mais bactérias e resíduos em seus pulmões e estão muito mais sujeitos a desenvolver distúrbios respiratórios. Este é um exemplo clássico de como o homem pode enfraquecer suas defesas naturais contra a doença.

A tosse pode ser voluntária ou ocorrer como um reflexo à irritação na árvore traqueobrônquica. Ela tem uma função protetora, ajudando a limpar as passagens aéreas das secreções excessivas e dos resíduos acumulados.

Além disso, as respirações profundas feitas entre as expirações forçadas provocadas pela tosse ajudam a garantir a aeração adequada de todas as partes dos pulmões. Um dos problemas que costumam ocorrer em pessoas com pneumonia ou lesões dolorosas do tórax (como costelas quebradas, por exemplo) é a tendência de produzir movimentos respiratórios curtos e não expandir totalmente o tórax. Quando isto ocorre, a parte do pulmão que não recebeu aeração tende a reter secreções, que podem ocupar os espaços normalmente reservados ao ar, a estagnar e se transformar em um campo fértil para o desenvolvimento de bactérias. A tosse é um mecanismo natural que ajuda a evitar esta complicação.

A tosse excessiva, no entando, pode ser prejudicial de várias maneiras.

A mecânica de uma tosse envolve primeiro a inspiração de mais de dois quartos de ar. Em seguida, a epiglote e as cordas vocais se fecham enquanto o diafragma e outros músculos expiratórios se contraem, aumentando a pressão de ar nos pulmões. A epiglote e as cordas vocais se abrem então, subitamente, e o ar é expelido com força, atingindo velocidades de 125 a 165 quilômetros por hora, superiores a um furacão.

O esforço físico exigido pela tosse pode danificar a mucosa das passagens de ar e provocar danos musculares e até mesmo costelas quebradas. Certas infecções dos pulmões podem ficar mais sérias em conseqüência da tosse; a tosse também pode espalhar a doença entre outras pessoas. Certos problemas cardíacos podem ser agravados pelo esforço da tosse constante e até mesmo pessoas sadias podem perder o sono e ficar muito cansadas.

Em que ponto a tosse torna-se mais prejudicial do que benéfica? A resposta depende muito de cada indivíduo, mas é possível fazer algumas afirmativas de ordem geral. No caso de uma pessoa capaz de eliminar suas próprias secreções por meio da tosse voluntária e que se encontra com uma tosse excessiva, um antitussivo (xarope para tosse) pode ser usado. Mas no caso de alguém que não consegue tossir voluntariamente e expectorar as secreções e os resíduos acumulados de uma infecção respiratória, geralmente é melhor não tomar um remédio que irá inibir os reflexos da tosse. Pessoas portadoras de enfizema e outros distúrbios respiratórios crônicos devem consultar o médico em relação à terapia mais indicada para infecções respiratórias agudas.

Acidez estomacal — A mucosa da boca não contém cílios e o que chega a ela é normalmente engolido, a menos que esta coisa seja suficientemente grande para que possamos senti-la e expectorá-la. Felizmente, o conteúdo estomacal apresenta normalmente um grau de acidez que provoca a destruição da maioria das bactérias; mesmo assim alguns tipos são capazes de sobreviver e provocar doenças.

A acidez de uma solução é indicada pelo seu pH, um número que vai de 0 a 14 e que indica o número de íons de hidrogênio livres na solução. Um pH de 7 é neutro, enquanto os números inferiores a 7 são mais ácidos e os superiores mais alcalinos. A escala é logarítmica, de maneira que a diferença, por exemplo, entre 2 e 3 representa uma diferença de 10 vezes na concentração dos íons de hidrogênio e a diferença entre 2 e 4 uma diferença de 100 vezes. O pH do fluido estomacal é de mais ou menos 3, ou 10.000 vezes mais ácido do que o neutro, podendo alcançar um pH máximo de 1. Uma solução com esta acidez é capaz de destruir a maioria das bactérias e abalar a estrutura molecular de muitas substâncias nocivas.

Após uma discussão sobre a acidez do estômago, a primeira questão que geralmente nos vem à mente é: por que o estômago não se digere? As razões não são totalmente conhecidas, mas um elemento da maior importância é o "muco" segregado por certas células do estômago e que revestem sua superfície interna. Este muco parece agir como uma barreira protetora. Uma acidez forte e prolongada, no entanto, pode levar à autodigestão do estômago, com a resultante formação de úlceras. A cafeína e a nicotina, assim como a ansiedade, tendem a causar um aumento de acidez e podem contribuir para a formação de úlceras em certas pessoas. Hábitos comuns como um consumo regular de café ou refrigerantes e o fumo podem danificar a proteção natural que possuímos contra o ácido estomacal.

Em alguns casos, as bactérias segregam toxinas durante o seu desenvolvimento e quando ingeridas podem causar vários sintomas gastrintestinais. Nesses casos, o cheiro ou gosto desagradável podem provocar náusea e vômito, um sinal muito evidente de rejeição pelo organismo. Infelizmente, certos alimentos contaminados com algumas das substâncias mais nocivas não apresentam cheiro ou gosto desagradável; por isso, só depois que as toxinas começam a agir é que podem ocorrer náusea, vômito ou diarréia.

Muitos estímulos variados — químicos, alérgicos e psicológicos — podem causar diarréia. Embora a diarréia possa ter uma certa função protetora ao livrar o organismo de substâncias nocivas, ela parece mais freqüentemente um sintoma de dano da mucosa ou de um mau funcionamento dos intestinos, após a ocorrência de uma lesão.

A importância da flora do corpo — As passagens de ar e alimento do nosso corpo são protegidas ainda por outro mecanismo e isso envolve o conceito de "flora normal", que pode ser aplicado também a outras áreas do corpo, inclusive os ouvidos, a vagina, o cólon, a pele e partes do sistema urinário. Em condições normais, essas áreas são habitadas por um ou mais tipos de bactérias. Na boca, por exemplo, existem até quinze tipos de bactérias cuja presença não indica doença. Essas bactérias são consideradas "flora normal" da boca. É importante lembrar que essas bactérias não são invasores fracos e que elas desempenham um papel importante na prevenção de doenças. Por mais improvável que isto possa parecer, sua validez é demonstrada quando a flora normal é destruída por antibióticos. Quando isto acontece, segue-se sempre uma infecção por um organismo bacteriano ou fúngico virulento (causador de doença), uma chamada "superinfecção". O organismo produtor da doença talvez estivesse presente em pequenas quantidades na boca mas era controlado pela flora normal.

Não se sabe exatamente como a flora normal ajuda a prevenir a ocorrência de infecções virulentas. É possível que a bactéria necessite de certos nutrientes e que a flora normal — através do uso dos nutrientes disponíveis — dificulte aos invasores potenciais o acesso a esses nutrientes. Há também evidência de que algumas das bactérias humanas segregam uma substância semelhante aos antibióticos. Além disso, a flora normal, através de seus produtos residuais e secreções, talvez produza um ambiente (um meio muito ácido, por exemplo) que não permita o desenvolvimento de outras bactérias. De qualquer maneira, a manutenção da flora normal é um aspecto importante da defesa.

A destruição da flora normal de qualquer região do corpo é arriscada e pode causar doenças sérias. O hábito de esfregar vigorosamente a pele não constitui ameaça para as bactérias regulares da pele pois isto diminui temporariamente o seu número, mas não elimina a flora normal. Mais sérias são as alterações causadas por antibióticos e as variações no meio interno. O uso prolongado de antibióticos pode dizimar a população normal de bactérias no intestino, provocando casos sérios de diarréia e sangramento em decorrência do crescimento excessivo de organismos resistentes. *O Lactobacillus acidophilus,* a bactéria presente no iogurte, é a bactéria predominante no cólon de crianças pequenas. Embora outros tipos passem a predominar quando vamos ficando mais velhos, alguns pesquisadores demonstraram o efeito protetor dos lactobacilos contra o crescimento excessivo de organismos virulentos.

Alterações na natureza das secreções vaginais — no caso de diabete ou gravidez, por exemplo — podem provocar o desenvolvimento de certos fungos como o *Candida albicans* (antigamente Monilia). Neste caso, é uma alteração do meio ambiente local que favorece o fungo sobre a flora normal; o controle da diabete ou o parto deverá produzir um retorno do meio normal e o restabelecimento da flora normal.

Mecanismos de defesa de segunda linha

Até agora nos ocupamos principalmente dos "mecanismos de defesa de primeira linha". Uma vez rompidas essas primeiras linhas, entra em ação uma nova série de funções protetoras — os chamados mecanismos de defesa de "segunda linha".

Fagócitos: células que "comem a doença" — Um dos mecanismos de defesa mais primitivos é a fagocitose, ou a "digestão por uma célula", o processo pelo qual vários tipos de células ingerem partículas como bactérias e poluentes. Algumas das partículas ingeridas podem ser digeridas pelas enzimas das células e destruídas. Muitos tipos diferentes de células do corpo possuem essa propriedade fagocítica, mas os dois tipos mais importantes no que se refere à defesa são os glóbulos brancos e os macrófagos.

As células sangüíneas brancas fazem parte dos elementos formadores do sangue, juntamente com a parte líquida ou plasma. Existem vários tipos de células sangüíneas brancas, mas a de maior atividade fagocítica é o neutrófilo (seu nome é uma alusão à sua aparência quando colorida com certos corantes). Existe no sangue uma quantidade relativamente grande de neutrófilos, cerca de 4.500 por milímetro cúbico, com uma variação de 2.500 a 7.000. Essas células contêm poderosas enzimas e são capazes de ingerir várias partículas (bactérias, por exemplo) consideradas estranhas ao corpo. O neutrófilo é ativo como uma ameba e envia extensões do seu corpo celular para envolver o material a ser ingerido. A partícula fagocitada é envolvida numa estrutura semelhante a um saco chamado vacúolo, formada por uma parte da membrana que envolve o citoplasma do neutrófilo. Dentro deste vacúolo, os neutrófilos são capazes de segregar enzimas que podem digerir a partícula envolvida. Às vezes, os neutrófilos ingerem tanto material que acabam explodindo, liberando todas suas enzimas e sucos digestivos. Isto ajuda a liquefazer e reduzir o material estranho e, quando ocorre em grau suficiente, provoca a formação de pus.

Em áreas onde existem depósitos de materiais estranhos, como bactérias, as primeiras células brancas em cena são os neutrófilos e sua atividade fagocítica ajuda a expulsar os organismos invasores. Normalmente, os neutrófilos circulam nos vasos sangüíneos; mas nas áreas onde existe inflamação ou infecção eles têm a capacidade de sair dos vasos sangüíneos para o tecido circundante em busca de material estranho que possam ingerir.

Quando existe alguma infecção no corpo, o número de neutrófilos em circulação pode aumentar bastante, chegando a duplicar ou até mesmo triplicar à medida que a medula óssea — o local onde são produzidos — libera suas reservas e aumenta a produção. Este aumento do número de neutrófilos é muitas vezes interpretado como indício de doença, mais especificamente de infecção, constituindo um dos parâmetros medidos quando seu médico solicita um exame de sangue.

Como o sistema linfático limpa o sangue — Existe outro grupo de células com atividade fagocítica, mas relativamente fixas em seu lugar e não circulando como fazem os neutrófilos. Essas células são conhecidas por uma grande variedade de nomes, inclusive “macrófagos”, “macrófagos de tecido fixo” e “célula reticuloendotelial” (célula R-E); elas revestem os vasos sangüíneos e linfáticos e existem em maior abundância no fígado, no baço e nos nódulos linfáticos.

Antes de fazermos uma descrição da função das células R-E nesses órgãos, é necessário resumir a anatomia dos órgãos envolvidos.

Os vasos linfáticos estão presentes em todo o corpo e na maioria dos órgãos internos. Os nódulos linfáticos (ou glândulas linfáticas) estão presentes em vários locais do corpo e tendem a ocorrer aglomerados ou em cadeias, mas não estão presentes na maioria dos órgãos. Juntos, eles formam o sistema linfático, que transporta o fluido linfático.

Os componentes líquidos do sangue não permanecem dentro dos vasos sangüíneos, mas tendem a escapar através dos espaços entre as células que formam as paredes das capilares, os menores vasos sangüíneos. Linfa é o fluido filtrado da corrente sangüínea conhecido como edema quando ocorre em quantidades excessivas. Este fluido se acumula com grande rapidez e, não houvesse um mecanismo que provocasse o seu retorno à corrente sangüínea, morreríamos dentro de duas horas em conseqüência de insuficiência circulatória.

Ao mesmo tempo que a linfa se acumula nos espaços dos tecidos, ela penetra nos canais linfáticos — pequenos vasos de paredes delgadas que contêm válvulas, através das quais a linfa é bombeada pela contração normal dos músculos adjacentes enquanto desempenhamos as nossas atividades normais.

Pequenos pedaços de material estranho, bactéria etc. também podem penetrar nos canais linfáticos, sozinhos ou dentro das células fagocíticas que os ingeriram. Esses pedaços são transportados com o fluxo da linfa. No caso de uma infecção não controlada, os canais linfáticos podem agir como meio de disseminação, proporcionando um acesso direto à corrente sangüínea, o que pode causar uma sepse séria ou até mesmo fatal (infecção envolvendo a corrente sangüínea). O curso de uma infecção disseminada pode ser visto e acompanhado a olho nu. Ele se manifesta por listras vermelhas que se propagam da área afetada, assinalando o curso dos canais linfáticos.

Os canais linfáticos se entrelaçam e se fundem, formando vasos maiores e finalmente desaguando na parte venosa da corrente sangüínea perto do coração, devolvendo assim o fluido ao sistema circulatório. Em seu caminho de volta à região do coração, os canais linfáticos se comunicam com numerosos nódulos linfáticos, minúsculas glândulas com o formato de feijão. O interior dos nódulos contém muitos linfócitos (uma espécie de célula sangüínea branca) e células reticuloendoteliais, essas últimas sustentadas por uma estrutura com a forma de malha. Quando a linfa penetra o nódulo, ela é peneirada pela malha e entra em contato íntimo com as células R-E. Partículas do material estranho são aprisionadas e as bactérias são ingeridas. Os nódulos linfáticos agem como filtros, protegendo a corrente sangüínea de muitos invasores potenciais.

Eles servem também como sentinelas e fábricas em nosso sistema imunológico de defesas. Quando reagem, eles tendem a crescer e inchar, formando o que normalmente chamamos "glândulas inchadas". Os nódulos linfáticos que drenam a linfa de áreas infectadas também podem inchar e ficar sensíveis.

O fígado e o baço têm estruturas de certa forma semelhantes aos nódulos linfáticos; ambos contêm uma rede entrelaçada de canais (sinusóides) através dos quais passa o fluido, de maneira semelhante à estrutura em malha dos nódulos linfáticos. No caso do fígado e do baço, no entanto, o fluido é o sangue e não a linfa; mas os sinusóides estão revestidos com células R-E da mesma forma como os módulos linfáticos. Em ambos os casos, as células R-E conservam a corrente sanguínea livre de agentes possivelmente danosos — os nódulos linfáticos agem como filtros primários e o fígado e o baço como filtros secundários quando os nódulos se revelam inadequados ou quando algum material entra diretamente na corrente sanguínea sem ter atravessado o sistema linfático.

Além dos neutrófilos e das células R-E, outra célula com atividade fagocítica é o macrófago ou histiócito, semelhante a uma célula R-E mas com capacidade para se mover. Essas células são as varredoras do corpo e geralmente aparecem depois dos neutrófilos, limpando os detritos, inclusive os fragmentos de tecido morto, matérias estranhas e neutrófilos desintegrados.

Embora, de maneira geral, as células fagocíticas sejam muito resistentes, a formação de neutrófilos pode ser paralisada como efeito colateral de várias drogas. Como os neutrófilos só vivem alguns dias, seus números se reduzem rapidamente e dentro de pouco tempo podemos estar sujeitos a infecções sérias, com risco de vida. Às vezes, o número de plaquetas (pequenos fragmentos celulares necessários à coagulação do sangue) também diminui. Conseqüentemente, se você começou a tomar uma determinada droga, o aparecimento de sangramento, facilidade de lesões, dor de garganta súbita, infecções orais ou outras infecções deve ser comunicado imediatamente ao seu médico.

O fantástico sistema imune

Na contínua batalha travada pelos nossos corpos contra a invasão de microrganismos — sejam eles bactérias ou vírus —, a mais poderosa arma do seu arsenal é o sistema imune. Ele faz parte das defesas secundárias, mas é suficientemente importante para merecer uma seção separada. O sistema imune permite ao organismo distinguir entre o "eu" e o "não-eu", sendo capaz de lançar um ataque ao que considera "não-eu" fazendo uso dos mais específicos "mísseis guiados" conhecidos do homem — os anticorpos. Ironicamente, ele é também capaz de nos matar em questão de segundos e de causar muitas doenças complexas, sérias e, às vezes, fatais, assim como numerosos problemas menos sérios, mas não menos incômodos. Não poderíamos viver sem o sistema imune mesmo que por sua causa passemos freqüentemente por muito sofrimento. Esta faca de dois gumes é um sistema extremamente complexo e sofisticado. Médicos conhecidos como imunologistas dedicam toda a sua vida profissional ao esforço de compreender o sistema e as doenças por ele provocadas.

O mistério dos poderosos anticorpos — Anticorpos são moléculas de proteína sintetizadas no corpo de maneira a reagirem especificamente a determinados agrupamentos de moléculas como os que envolvem bactérias ou vírus. Acredita-se que esta especialização seja resultante da forma do anticorpo, que se encaixa exatamente na forma de uma determinada área da superfície da bactéria ou vírus, como uma peça de um quebra-cabeça.

Muitas substâncias diferentes são capazes de provocar a formação de anticorpos e essas substâncias são chamadas antígenos. A lista de antígenos potenciais é quase interminável e inclui bactérias, vírus, drogas, polens, venenos de insetos, substâncias químicas, alimentos e tecido estranho (órgãos transplantados ou sangue utilizado em transfusões, por exemplo). Quando um antígeno entra em contato com células do sistema imunológico, tem início um processo complicado e ainda não totalmente compreendido, que provoca a formação de um anticorpo específico para o antígeno que estimulou a sua formação.

Se os anticorpos forem produzidos por bactérias de um certo tipo, eles reagirão com essas bactérias, mas não com as centenas de outros tipos aos quais estamos expostos. Certas áreas do antígeno possuem uma disposição especial de moléculas que agem como determinantes antigênicos e é a configuração espacial dessas áreas que determina a configuração do anticorpo produzido. Os locais ativos do anticorpo se encaixarão com perfeição nos locais do determinante antigênico, como uma chave numa fechadura. De maneira geral, um anticorpo possui dois locais ativos; isto é, duas áreas cujos formatos combinam com o formato do determinante antigênico específico; assim, é possivel a um anticorpo atacar e ligar dois antígenos.

Acredita-se que a seqüência de eventos que leva à formação de um anticorpo seja a seguinte: quando um antígeno entra no organismo ele entra em contato com um macrófago (uma das células fagocíticas já descritas) que o ingere e decompõe em unidades menores. O macrófago entra então em contato com um linfócito (uma das células sangüíneas brancas), transferindo para ela informações, talvez relacionadas à especificidade do anticorpo. O linfócito se transforma numa célula de plasma, bem equipada para a síntese de proteína, e começa a fabricar anticorpos com a especificidade necessária.

A produção desses anticorpos ocorre nos nódulos linfáticos e outras massas linfóides, com os anticorpos sendo liberados na corrente sangüínea. Esses anticorpos são chamados "anticorpos humorais" pois circulam livremente no sangue, um dos "humores" da antiga medicina.

Este processo não é muito rápido: normalmente se passa uma semana antes que os anticorpos possam ser detectados. Mas depois de ter formado anticorpos para um determinado antígeno, quando o sistema imune volta a encontrá-lo (mesmo anos mais tarde) ele é capaz de produzir anticorpos com muito maior rapidez — dentro de alguns dias a partir da exposição.

Os anticorpos humorais são a resposta imune primária em casos de infecções bacterianas agudas e em algumas infecções viróticas; mas na maioria das infecções viróticas, fúngicas, protozoárias e em algumas infecções bacterianas outra parte do sistema imune é mais importante. Esta parte é conhecida como imunidade celular ou hiper-sensibilidade retardada, pois envolve anticorpos que permanecem dentro de uma célula e porque as reações envolvidas demoram mais tempo do que as reações dos anticorpos humorais.

Quando a bactéria penetra na pele, por um corte ou uma ferida, por exemplo, e entra na circulação, a produção de anticorpos logo tem início e se já havíamos sido atacados antes por esta determinada espécie de bactéria a resposta é bastante rápida. O anticorpo gruda na parede celular da bactéria e, graças à sua capacidade de se ligar com dois antígenos, o anticorpo pode induzir pequenos agregados de bactéria aprisionada, mais facilmente apanhadas pelo sistema R-E. Além disso, os anticorpos — com o auxílio de substâncias conhecidas coletivamente como "complemento" ou o "sistema de complemento" — pode fragmentar e destruir as bactérias, deixando apenas os detritos para serem fagocitados pelo sistema reticuloendotelial.

No caso de uma infecção virótica, onde o vírus penetrou uma das nossas células e os anticorpos humorais não são úteis, a imunidade celular entra em ação. O vírus, que em algum ponto do seu ciclo de vida fica do lado de fora da célula, estimula a produção de linfócitos especificamente sensibilizados. Esses linfócitos entram em contato com as células afetadas e liberam uma variedade de substâncias que aumentam o número de macrófagos na área e que, surpreendentemente, lhes transfere a capacidade de matar diretamente as células e não simplesmente varrê-las. O próprio linfócito sensibilizado também pode destruir diretamente as células.

Eles podem também liberar uma substância conhecida como "fator de transferência", que transfere a especificidade de anticorpos do linfócito sensibilizado para outros linfócitos não sensibilizados que jamais estiveram em contato com o antígeno específico sob ataque. O fator de transferência pode ser liberado com rapidez por um linfócito sensibilizado, não demorando, às vezes, mais de uma hora do contato com o antígeno. Quando os linfócitos não sensibilizados recebem o fator de transferência, também eles podem começar a produzir o anticorpo apropriado e se dividir. Assim, a capacidade de produção pode ser enormemente aumentada.

Todas essas possibilidades não ocorrem, necessariamente, durante cada reação imunológica, mas experimentalmente é difícil separá-las umas das outras.

Por que os anticorpos são tão "sabidos"? — Até agora não explicamos de que maneira um anticorpo assume uma configuração que complementa exatamente uma configuração correspondente em um antígeno. Não sabemos ainda a resposta exata e, o que é pior, as teorias existentes são difíceis de se explicar sem um conhecimento relativamente amplo de biologia, biologia molecular e bioquímica. De qualquer maneira, tentarei fazer um resumo dos principais pontos das duas teorias principais.

A teoria da "matriz" é a mais antiga e supõe que cada anticorpo é produzido em resposta a um determinado antígeno que obteve acesso ao organismo. É feita uma matriz ou molde do local do determinante antigênico e desta matriz é feito o anticorpo com o formato adequado. A confecção do molde e do anticorpo a partir deste molde envolve interações complexas de RNA (ácido ribonucléico), aminoácidos e muitos outros componentes celulares. Esta idéia é muito atraente do ponto de vista intelectual, mas a maior parte da evidência experimental parece combinar melhor com a segunda teoria.

Segundo a "teoria seletiva", entre os milhões de células potencialmente produtoras de anticorpos do organismo existe pelo menos uma com a capacidade de produzir um anticorpo para qualquer antígeno que possamos encontrar. Quando um antígeno penetra no organismo, ele acaba entrando em contato e "selecionando" a célula formadora de anticorpos apropriada. Uma vez exposta ao antígeno, esta célula se divide rapidamente, formando muito mais células, todas com a capacidade de produzir aquele determinado anticorpo. Esta teoria exige que cada célula do organismo contenha uma grande quantidade de informação genética. Mesmo assim, embora à primeira vista ela pareça menos provável do que a teoria da "matriz", esta parece a mais provável das duas teorias.

Independente da maneira pela qual é determinado o formato de um anticorpo, uma vez encontrado o antígeno apropriado, as células formadoras de anticorpos se dividem rapidamente, passando a sua progênie a capacidade de fabricar o anticorpo desejado. Desta maneira se desenvolve uma grande família ou "clone" de células, cada uma produzindo o mesmo anticorpo específico.

O primeiro encontro com um vírus ou outro agente que estimule a hipersensibilidade retardada é, muitas vezes, uma corrida entre a multiplicação de vírus e a produção de anticorpos na forma de linfócitos sensibilizados. No caso de alguns vírus, esta é uma verdadeira corrida de vida ou morte. Quando ocorre um segundo encontro com um tipo específico de vírus, já existe na circulação uma população significativa de linfócitos sensibilizados que podem se multiplicar rapidamente de maneira a produzir um alto nível de anticorpos antes que o vírus tenha se multiplicado muito mais. Esta é a premissa básica por trás da prática da imunização; a diferença é que, em vez de usar os organismos vivos e virulentos no primeiro encontro, são usados organismos mortos ou atenuados. De qualquer maneira, a idéia é obter um alto nível de anticorpos em circulação antes que o vírus tenha oportunidade de aumentar muito o seu número.

O sistema imune e o câncer — Acredita-se que o sistema imune também desempenhe um papel importante na proteção contra o câncer. De maneira geral, os cientistas acreditam hoje que as células de tumores concerosos contêm determinantes antigênicos diferentes de outras células do corpo e que por isso são reconhecidas como "não-eu" pelo sistema imune. Considerando-se os milhões de células do corpo humano e os nossos anos de vida, parece razoável imaginar que durante a nossa existência algumas células sofram mutações (espontâneas ou induzidas por carcinógenos) que levem ao câncer. Os imunologistas que acreditam na "vigilância imunológica" acham que uma vez ocorrida uma mutação neoplástica (cancerosa), a célula ou células envolvidas são rapidamente destruídas pelos linfócitos. Numa confrontação direta, basta um linfócito sensibilizado para matar uma célula-alvo.

Como algumas pessoas desenvolvem tumores malignos que muitas vezes crescem, se alastram e matam, é evidente que essa vigilância imunológica nem sempre é eficiente. Existem muitas teorias para explicar por que isto acontece. Algumas supõem simplesmente que o crescimento do tumor é mais rápido do que a produção de linfócitos sensibilizados; alguns supõem que as células do tumor não são suficientemente diferenciadas das células normais para estimular uma resposta de anticorpos significativa.

Uma das mais interessantes teorias (que, aliás, conta com considerável evidência experimental a seu favor) supõe a presença de um grupo especial de anticorpos chamados "anticorpos bloqueadores". Esses anticorpos são anticorpos humorais circulantes que combinam com os locais determinantes antigênicos específicos de células neoplásticas, mas que, por razões ainda não totalmente compreendidas, não são capazes de causar a destruição das células do tumor. Mas como estão ocupando os locais antigênicos das células do tumor, os anticorpos bloqueadores impedem que os linfócitos sensibilizados combinem com esses locais e destruam as células. Enquanto os determinantes antigênicos das células cancerosas são obscurecidos pelos anticorpos bloqueadores, os linfócitos não poderão identificá-los como "não-eu"; e não importa a quantidade de linfócitos assassinos presentes, as células do tumor não correrão risco de serem atacadas por eles. O câncer poderá então crescer e se espalhar, sem que seja molestado pela vigilância imunológica. Neste caso, o sistema imune, em vez de nos ajudar a combater a doença, favoreceu o desenvolvimento de um neoplasma maligno. Mas esta não é a única maneira pela qual podemos ser prejudicados pelo nosso sistema imune.

De que maneira o sistema imune pode nos prejudicar — Existe um grande número de reações imunológicas que podem causar mais mal do que bem. Vale a pena mencionarmos as reações alérgicas e as doenças auto-imunes. A maioria das alergias comuns a alimentos, pólen etc. envolve uma classe de anticorpos conhecida como anticorpos IgE. Uma das propriedades dos anticorpos IgE é sua capacidade de se grudar a certas células em determinadas áreas, como a pele ou a mucosa nasal, fazendo com que certos órgãos tenham uma alta concentração de anticorpos. Quando surge o antígeno apropriado, ocorre a reação antígeno-anticorpo (Ag-Ac) nas áreas onde estão grandes quantidade de anticorpos — áreas conhecidas como órgãos alvos. A pele e a mucosa das cavidades nasais são órgãos alvos comuns.

Quando ocorre a reação Ag-Ac entre o pólen e IgE, por exemplo, várias substâncias químicas são liberadas pelas células da mucosa nasal e são essas substâncias que causam os sintomas comuns do espirro, do nariz escorrendo etc. Uma das substâncias liberadas é a histamina; daí o uso generalizado de anti-histamínicos no tratamento de distúrbios alérgicos.

No caso de alergia a alimentos, a reação Ag-Ac pode ocorrer na pele, provocando a formação de urticária ou uma erupção. Às vezes, por razões ainda não totalmente compreendidas, um antígeno (como a penicilina ou o veneno de um inseto) pode estimular uma reação alérgica particularmente severa chamada choque anafilático, na qual ocorre uma queda drástica da pressão sangüínea e grande dificuldade respiratória, que pode ser fatal quando não tratada imediatamente. Esses sintomas graves também são causados por substâncias liberadas pelas células na vizinhança da reação Ag-Ac e podem ser contrabalançados com eficiência pela epinefrina (adrenalina) e um anti-histamínico injetados por via intravenosa.

É lógico que os tipos de reações antígeno-anticorpo já discutidos não são benéficos e ficamos imaginando de que maneira e por que elas ocorrem. A resposta é desconhecida. Mas parece que a simples combinação de antígenos e anticorpos não é prejudicial, mas que as células próximas são prejudicadas, como transeuntes inocentes colhidos em meio a um tiroteio. Esta teoria do "transeunte inocente" talvez explique também alguns dos outros efeitos prejudiciais das reações do tipo alérgico. Assim, a reação básica da combinação de Ag com Ac ainda pode ser considerada um mecanismo potencialmente útil, uma vez que ela "aprisiona" ou remove um invasor. Sintomas de reações alérgicas — por mais graves que possam ser — são considerados como efeitos colaterais maus de um processo basicamente útil.

As doenças auto-imunes são muito complexas, mas, basicamente, elas representam uma falha do sistema imune em distinguir com clareza o "eu" do "não-eu", com uma resultante reação imune contra as células do nosso próprio corpo. Existem várias razões para esta falha, algumas comprovadas por evidência experimental, outras principalmente pela teoria. Sabemos, por exemplo, que algumas bactérias comumente presentes no intestino possuem determinantes antigênicos semelhantes ou iguais aos de certas substâncias dos grupos sangüíneos (A, B, O, AB) do homem. A exposição a essas bactérias produz anticorpos que reagem não só com a bactéria, mas também com uma das substâncias do grupo sangüíneo. Isto explica a existência de anticorpos a certos tipos de sangue, mesmo que jamais tenhamos recebido uma transfusão de sangue.

Alguns pesquisadores acreditam que um processo semelhante seja o responsável por danos cardíacos que costumam se seguir a certos tipos de infecção com estreptococos betaemolíticos. Neste caso, as bactérias são antigenicamente similares a certas partes do coração e os anticorpos formados contra a bactéria também atacam o coração, provocando febre reumática pós-estreptocócica.

Acredita-se que outra das razões da ocorrência de doenças auto-imunes seja o dano causado às células por um processo inflamatório; este dano provoca alguma diferença nas células, estimulando a formação de anticorpos, mesmo que elas sejam nossas próprias células. O resultado final de todos esses eventos são anticorpos que reagem contra nossas próprias células como se elas fossem corpos estranhos.

De maneira geral, não temos consciência do funcionamento do sistema auto-imune, mas distúrbios alérgicos — que afetam a maioria de nós em alguma ocasião — constituem evidência de "horas extras" do sistema imune. O grande número de substâncias químicas nos alimentos que consumimos, o ar que respiramos ou as várias loções, cremes e produtos em aerossol que usamos constituem um número grande e variado de antígenos potenciais. A esses produtos devemos acrescentar o grande número de substâncias naturais às quais algumas pessoas são alérgicas. Ao tentar descobrir a causa de sintomas alérgicos, um bom ponto de partida é tentar determinar as alterações ocorridas em seu meio ambiente: novos alimentos, novo sabão, novas plantas (polens), novos animais de estimação? A alteração pode ter ocorrido também em seu meio ambiente interno, pois parece que problemas emocionais podem alterar nossa reação a vários antígenos.

Enfrentando a febre e a dor

Existem ainda várias outras defesas de segunda linha importantes. Duas delas, a febre e a dor, embora relativamente "simples" em relação ao sistema imune, ainda hoje não são totalmente compreendidas. Qualquer que seja sua função primordial, elas nos causam tanto sofrimento que merecem atenção especial.

Por que a febre? — A febre é um dos mais antigos e mais conhecidos acompanhamentos das enfermidades sistêmicas e, embora se saiba bastante coisa sobre o mecanismo de sua produção, sua finalidade ainda não é suficientemente clara. Antes de discutirmos de que maneira a febre pode nos ajudar ou prejudicar é necessário falarmos um pouco sobre a produção e a regulação de calor.

Em circunstâncias normais, o calor do nosso corpo é gerado como um subproduto das muitas reações químicas (metabolismo) que ocorrem continuamente nos músculos e no fígado. Mesmo quando estamos descansando, pequenas áreas dos nossos músculos estão se contraindo e relaxando, um processo que produz calor. O fígado é um órgão metabólico extremamente ativo, produzindo centenas de diferentes reações químicas. O calor gerado por esses órgãos aquece o sangue que passa por eles e isto é mais do que suficiente para aquecer os nossos corpos a uma temperatura de 37°C, considerada normal. A temperatura adequada é mantida por um termostato extremamente sensível (localizado no hipotálamo, uma parte do cérebro), que controla a maior parte dos processos de regulação de temperatura que descreveremos a seguir.

Os ajustes grosseiros de temperatura são feitos através da transpiração ou calafrios. Em condições normais, ocorre uma produção excessiva de calor e a evaporação do suor da pele causa perda de calor. Caso seja necessário um aumento significativo da temperatura, as pequenas contrações dos músculos — já mencionadas — aumentam de amplitude e tornam-se visíveis — o processo que chamamos calafrio. Pequenos ajustes de regulação de temperatura são feitos controlando-se o fluxo sangüíneo através da pele. Quanto maior a quantidade de sangue a fluir através da pele, maior a perda de calor à medida em que ele se dissipa no ar circundante. O calor é conservado restringindo-se o fluxo sangüíneo para a pele e isto é feito pela contração dos vasos sangüíneos que transportam o sangue para a pele. Através desses mecanismos, a temperatura do corpo é mantida dentro de estreitos limites, cujos valores normais oscilam entre 35,2°C e 37°C. A temperatura do corpo é normalmente mais baixa pela manhã do que à tarde e exercícios vigorosos podem produzir uma ligeira elevação.

Quando temos febre, parece que o ajuste do termostato é aumentado para um nível mais alto. Inicialmente pode ocorrer uma vasoconstrição (constrição dos vasos sangüíneos), com a resultante diminuição da temperatura da pele causando uma sensação de frieza e talvez calafrio. Num ambiente neutro ou frio, este calafrio é necessário para elevar a temperatura do corpo ao novo ponto mais alto do termostato, ao passo que num ambiente quente, a cessação da transpiração pode ser suficiente para elevar a temperatura do corpo.

Muitos agentes diferentes podem causar a febre, entre eles bactérias, vírus, tecido necrótico e complexos Ag-Ac, mas o resultado comum em todos esses casos parece ser a liberação de pirogênios das células fagocíticas. Pirogênios são substâncias químicas que dão início à produção de febre e provavelmente exercem seu efeito sobre o hipotálamo.

Um antipirético (droga que reduz a febre) como a aspirina parece "reajustar" o termostato do corpo num nível mais baixo, o que leva à ativação de mecanismos de perda de calor. Isto é evidenciado pela dilatação dos vasos sangüíneos e pela transpiração que ocorrem após a administração de aspirina a pacientes febris.

Como já dissemos, a finalidade da febre permanece inexplicada. Embora a temperatura elevada seja diretamente prejudicial a alguns microrganismos, a grande maioria não sofre efeitos adversos. Experiências destinadas a verificar se uma temperatura elevada influenciava a fagocitose ou reações imunes têm produzido resultados pouco claros ou apresentado benefícios muito pequenos, provavelmente insignificantes. Essas experiências foram realizadas geralmente *in vitro* (em "tubos de ensaio") e é possivel que num organismo vivo o benefício possa ser mais significativo.

Os efeitos deletérios da febre, ao contrário dos seus benefícios, são bem conhecidos. Ela aumenta o trabalho do coração e de outros órgãos, assim como provoca uma maior perda de fluidos. Este último fenômeno é de grande significado, principalmente no caso de crianças pequenas e pessoas debilitadas. Além disso, a febre geralmente causa um desconforto generalizado, com suores e dor de cabeça.

Levando-se tudo isto em consideração, parece que a febre faz muito pouco pelo paciente além de alertá-lo para o fato de que alguma coisa anda errada. De qualquer maneira, não devemos menosprezar esta função. A febre pode ser o único sintoma ou um dos primeiros sintomas de uma doença que merece atenção.

Após ter nos alertado de que alguma coisa está errada, a febre pode ser considerada uma "doença" que deve ser tratada separadamente do problema que provocou a sua manifestação (supondo-se que a causa seja conhecida)?

A resposta para esta questão, como muitas outras decisões terapêuticas, deve ser individualizada e depende de muitos fatores, como a condição geral e o estado do paciente, a causa da febre, a altura da febre, as medicações que o paciente já está tomando e talvez outros fatores. De maneira geral, a febre num indivíduo saudável pode ser tratada quando causa desconforto ao paciente e quando não há contra-indicação à administração de um antipirético.

Pessoas mais velhas, especialmente aquelas com um grau considerável de aterosclerose (endurecimento e bloqueio dos vasos sangüíneos que alimentam o cérebro), podem ficar comatosas durante infecções associadas com febre. Isto se deve em parte às maiores exigências metabólicas do cérebro em virtude da febre e à incapacidade dos vasos sangüíneos de fornecerem a maior quantidade de sangue necessária. Esta situação é pouco comum em indivíduos mais jovens. Febres abaixo de 37,5°C geralmente não causam muito desconforto e não deverão ter um efeito metabólico significativo.

Como a aspirina é o antipirético mais comumente usado, pessoas com problemas de sangramento ou úlceras devem ter cuidado em seus esforços para reduzir a febre. Febres causadas por processos infecciosos desaparecem prontamente quando a infecção é eliminada; e se isto for feito rapidamente, talvez não haja necessidade alguma de antipiréticos.

A febre alta em crianças pequenas pode ser perigosa, causando convulsões; às vezes é necessário esfriar o corpo da criança com banhos de esponja ou por imersão na água.

Apesar dos efeitos deletérios da febre, muita gente acha que ela deve ser um mecanismo de defesa útil; caso contrário não teria sobrevivido como uma resposta generalizada de animais de sangue quente.

A dor, o horrível auxiliar — Depois que o corpo foi invadido ou ficou doente podemos tembém sentir dor. Além de nos alertar sobre lesão ou doença, a dor exerce uma função protetora, pois muitas vezes nos faz proteger ou imobilizar uma área lesada ou doente. Esta função, no entanto, pode ser deturpada. A imobilidade completa, especialmente das articulações, pode ser prejudicial, causando rigidez patológica mesmo depois da cura. No caso de lesões das costelas a incapacidade de respirar profundamente por causa da dor pode causar pneumonia e outras complicações pulmonares.

A dor é um sintoma e como tal não é prejudicial ao corpo. Mas o estresse emocional que ela pode provocar, assim como a ausência de sono, podem causar danos fisiológicos. Por este e por outros motivos (como no caso das lesões das costelas acima mencionado) é importante aliviar a dor. A dor é regulada no cérebro e por este motivo responde à hipnose e outros estados de consciência alterada, assim como a uma grande variedade de drogas. Gostaria de acrescentar que a hipnose pode ser usada para induzir o relaxamento e a insensibilidade à dor necessários a uma cirurgia séria e que o alívio da dor pode continuar pelo período pós-operatório. Tudo isto sem os riscos potenciais da anestesia ou de medicação contra a dor! A acupuntura tem recebido recentemente muita publicidade e vale a pena ser estudada pela civilização ocidental.

Com exceção da aspirina, não existem analgésicos realmente eficazes que possam ser comprados sem receita médica. Isto acontece porque a dor é um sintoma e não deve ser reduzida até que sua causa seja descoberta e tratada. Quando isto acontece, a dor geralmente desaparece sozinha. Em situações onde isto não aconteça, o desconforto da dor deve ser comparado com os perigos potenciais das drogas usadas para combatê-la. Como a maioria dos analgésicos, quando usados adequadamente, possuem uma margem de segurança relativamente grande, o alívio da dor é um objetivo razoável para o paciente. Os cuidados mencionados aplicam-se também ao uso da aspirina para pequenas dores, especialmente porque muitas dessas pequenas dores podem ser aliviadas sem medicação. Calor, descanso e técnicas de relaxamento do corpo muitas vezes fazem maravilhas.

Coagulação: outra defesa vital — A coagulação do sangue envolve uma série muito complexa de reações bioquímicas que ocorrem rapidamente assim que a integridade de um vaso sangüíneo é interrompida. Essas reações provocam a formação de um coágulo, uma malha de proteína que capta os glóbulos vermelhos, as células sangüíneas brancas, soro e plaquetas. A aparência e consistência de um coágulo fresco são semelhantes às de uma gelatina vermelho-escura, e ele serve para fechar as brechas nos vasos, impedindo maior perda de sangue. A utilidade óbvia deste mecanismo é evidente quando pensamos nos hemofílicos, pessoas com um processo de coagulação deficiente. Antes do advento da moderna terapia, muitas crianças hemofílicas sangravam até morrer, muitas vezes em conseqüência dos menores ferimentos.

As plaquetas, os pequenos fragmentos celulares já mencionados, podem fechar diretamente pequenos furos nos vasos, além de participarem da reação de coagulação. As paredes dos pequenos vasos são importantes na prevenção de vazamentos sob o esforço normal das atividades diárias. As células das paredes são unidas por um "cimento" intercelular que necessita de vitamina C para sua produção e manutenção. Quando existe uma deficiência acentuada de vitamina C, como é o caso do escorbuto, ocorrem várias pequenas hemorragias (petéquias), quando o sangue vaza de milhões de capilares em todo o corpo.

Mas a coagulação é apenas metade da história dos hemostatos — os mecanismos naturais que controlam a viscosidade sangüínea. Igualmente importante é manter fluidez do sangue e impedir que o mecanismo de coagulação vá longe demais e coagule, sem necessidade, grandes quantidades de sangue. Para conseguir isto existe uma série de controles incorporados ao mecanismo de coagulação, envolvendo muitos ativadores e inibidores. Uma discussão do assunto seria muito longa; mencionei o fato apenas para enfatizar a extrema complexidade dos mecanismos defensivos que se desenvolveram para proteger a uniformidade do nosso meio ambiente interno.

Existem muitas drogas que afetam a hemostase. Um anticoagulante deve dificultar ou inibir a coagulação; mas alguns provocam esse resultado como um efeito colateral. A aspirina, a droga mais comumente ingerida (7.500 toneladas por ano, só nos Estados Unidos), tem como um dos seus efeitos colaterais o prolongamento da coagulação. Na maioria dos casos, isto não tem muita importância mas, às vezes, ela pode contribuir para um sangramento significativo, especialmente em pessoas sensíveis.

Em vários estudos sobre a droga, entre 60 e 70% de pessoas normais que ingeriram pequenas doses de aspirina apresentaram um leve sangramento interno em seus tratos gastrintestinais. (Isto talvez tenha se devido em parte à natureza irritante da aspirina sobre a mucosa intestinal.) Embora este sangramento tenha sido leve, ele foi suficiente para causar uma anemia branda em várias mulheres. Em pessoas com distúrbios de sangramento, a aspirina pode causar sérias hemorragias.

A vitamina C também é necessária à integridade dos vasos sangüíneos, enquanto a vitamina K é necessária à síntese de várias substâncias que participam da coagulação.

Processos reparadores

A cicatrização e a regeneração após uma lesão ou doença são fatores muito importantes da história da sobrevivência humana. Estaríamos num estado lamentável se as bolhas e cortes jamais sarassem e se os ossos quebrados jamais se emendassem.

Um simples corte no dedo ilustra muito bem o processo da cicatrização de uma ferida. Imediatamente após o corte o sangue começa a fluir das extremidades dos vasos sangüíneos atingidos, ao mesmo tempo que o sistema de coagulação é ativado por substâncias liberadas das células danificadas. Logo o sangramento é interrompido e ficamos com uma área coagulada que se estende através da pele ao tecido subjacente.

Durante os dias que se seguem, as células das extremidades cortadas dos vasos sangüíneos se multiplicam e crescem, usando a malha do coágulo sangüíneo como estrutura de suporte. Os fibroblastos, células que produzem colágeno, também agem na área afetada, depositando tecidos fibrosos à medida que o coágulo vai sendo decomposto e reabsorvido. A camada basal da pele cresce sobre a superfície do corte e forma uma nova pele, enquanto o tecido fibroso recém-formado se contrai, aproximando as duas bordas de pele.

Depois de mais ou menos uma semana, a cicatrização se completa e o único indício de um trauma sofrido é uma fina camada de tecido fibroso (cicatriz) abaixo da pele.

No caso de dano de um órgão interno, causado por doença ou trauma, o processo é basicamente o mesmo, embora existam certas diferenças, dependendo da capacidade do órgão danificado de se regenerar. Alguns tecidos, como o músculo e o nervo cardíacos, não são capazes de divisão e regeneração. As partes danificadas desses tecidos só podem ser substituídas por tecido fibroso, o que explica em parte a seriedade de danos nesses órgãos. Por outro lado, alguns órgãos como o fígado e a pele são capazes de substituir grande parte de sua substância quando sofrem algum dano.

Que parte de um órgão pode ser destruída e mesmo assim permanecer com tecido suficiente para desempenhar as funções necessárias deste mesmo órgão? Este fator de segurança varia entre os diferentes órgãos, mas, de maneira geral, é muito alto. Embora tenhamos dois rins, um nos serviria de maneira adequada. Quase 90% do fígado deve ser destruído antes que apresentemos sinais de insuficiência hepática.

Os processos envolvidos no reparo e regeneração exigem quantidades relativamente grandes de proteína, vitamina C e zinco. Como material primário de formação das células, a proteína é especialmente importante, ao passo que a vitamina C é vital para a formação de material intercelular que ajuda a manter unidas as células e para síntese do colágeno, uma das principais proteínas de sustento. O zinco e a vitamina A são de especial importância na cicatrização da pele e das membranas mucosas internas.

No caso de ossos fraturados, o cálcio e a vitamina D são os nutrientes de maior importância para a cicatrização.

Protegendo nossos protetores naturais

Nas páginas anteriores, procurei transmitir uma idéia sobre os vários mecanismos de defesa e cicatrização que se desenvolveram durante milhões de anos para garantir a sobrevivência do *Homo sapiens*. Embora eficientes, esses processos protetores são, às vezes, atrapalhados por sua inadequação (pois também a natureza não é perfeita), mas com maior freqüência por nossa própria interferência, por mais bem-intencionados que possamos ser.

Uma das principais causas de interferência com as ações normais do corpo humano é o efeito das drogas, isoladas ou em combinação umas com as outras. O uso de drogas múltiplas é particularmente complicado, uma vez que os efeitos das duas drogas podem ser mais do que simplesmente a soma dos seus efeitos individuais. O problema da interação das drogas vem se tornando cada vez mais significativo à medida em que aumenta o número de drogas usadas, juntamente com o número de diferentes especialistas que um doente pode consultar. Isso não quer dizer que a combinação de drogas seja uma coisa ruim, apenas que é preciso uma maior vigilância por parte do médico e do paciente. Um médico deve estar sempre consciente dos perigos potenciais de uma terapia com drogas, enquanto o paciente deve informar ao médico sobre qualquer droga que esteja tomando. Também é importante saber os nomes dos remédios usados.

As drogas podem interferir de várias maneiras nas defesas naturais, e livros inteiros foram dedicados aos efeitos das drogas e às interações entre elas. Gostaria de mencionar alguns exemplos para ilustrar a ampla série de riscos potenciais de medicações. Lembre-se também de que vamos nos ocupar apenas desses efeitos sobre mecanismos de defesa e negligenciar outras ações tóxicas mais diretas.

Muitas drogas impedem a formação de células sangüíneas brancas, de importância vital no combate à infecção. Este efeito, quando não detectado imediatamente, pode abrir a porta para sérias infecções. A alteração da flora normal pelos antibióticos também pode causar sérias infecções. Reações alérgicas a drogas podem causar erupções cutâneas, com fissuras e rachaduras da pele, uma condição que proporciona fácil acesso às bactérias. Os esteróides, uma das classes-espécies mais úteis de drogas, inibe a cicatrização e a reação inflamatória. Em pacientes com certas doenças bacterianas, viróticas e fúngicas, o uso de esteróides pode impedir o organismo de deter e encurralar o agente invasor, acarretando a ampla disseminação da doença no organismo. (A pomada de vitamina A aplicada a feridas e úlceras de pacientes submetidos a tratamento com esteróides muitas vezes permite uma cicatrização normal.)

Em alguns casos, os efeitos colaterais potencialmente prejudiciais de uma droga representam um risco, mas ela deve ser tomada em virtude da seriedade da doença primária e da reconhecida eficácia da droga no combate àquela doença. Infelizmente, nem sempre é isto o que acontece. É grande o consumo de medicação desnecessária e pelo mesmos parte da culpa cabe aos pacientes. Embora muitas enfermidades não constituam uma ameaça a nossa saúde a longo prazo, muitos pacientes esperam deixar o consultório com algo mais do que uma simples garantia de que a doença irá desaparecer por ela mesma. Eles esperam — ou até mesmo exigem — uma, muitas vezes inútil, "injeção de penicilina" para uma gripe virótica. Mas também os médicos têm sua parcela de culpa. De qualquer maneira, é importante lembrar que um remédio potente nem sempre é útil e às vezes é mesmo prejudicial.

Os mecanismos de defesa do organismo também podem ser danificados por muitas substâncias químicas (além daquelas usadas como drogas). Essas substâncias podem assumir a forma de poluentes venenosos, aditivos alimentícios, toxinas de insetos e animais, álcool em excesso e narcóticos. Ao contrário das drogas, no entanto, muitas vezes não temos consciência de estarmos ingerindo ou respirando substâncias potencialmente perigosas e a natureza traiçoeira dessas substâncias torna-as ainda mais perigosas. As maneiras pelas quais essas substâncias químicas escondidas podem danificar nossas defesas naturais são muitas e variadas, estando além do âmbito desta discussão.

O cansaço tem sido muitas vezes acusado de causar uma "redução das defesas", com subseqüente enfermidade, mas isto é difícil de se avaliar cientificamente. Uma razão para isto é que a fadiga está freqüentemente associada à má nutrição e os efeitos de cada fator não podem ser separados. Outra razão é que a fadiga pode ser o primeiro sintoma de doença, podendo ser erroneamente interpretada como causa da doença. No entanto, a experiência de séculos parece sugerir que um repouso adequado ou extra é geralmente benéfico. Há também alguma evidência em experiências com animais de que a exaustão diminui a resistência a certas infecções.

Por que o sistema às vezes falha?

Por mais eficiente que seja o corpo no combate à doença, seus mecanismos de defesa podem ser derrotados em certas situações. Uma dessas situações é quando uma quantidade excepcionalmente grande de bactérias obtém acesso ao organismo — quando uma grande área da pele é arrancada em conseqüência de uma queimadura, por exemplo. Os sistemas fagocítico e imune simplesmente não são capazes de enfrentar de uma vez o grande número de bactérias e o resultado pode ser uma séria infecção.

Muitas vezes, as pessoas ficam estarrecidas com a aparente rapidez com que uma doença ataca o organismo. Na maioria dos casos, no entanto, esta representa na verdade o súbito "vir à tona" de um processo que já vinha ocorrendo há algum tempo. O período silencioso ou "subclínico" da doença é conhecido como período de incubação de doenças infecciosas. Este período pode variar de horas (esses são os poucos casos que realmente apresentam uma manifestação súbita) a semanas.

Durante este tempo, as batalhas decisivas estão sendo travadas entre nossas defesas e os organismos invasores. Quando a balança pesa para o lado dos invasores, a doença torna-se aparente e cede quando a terapia medida e/ou nossas defesas finalmente derrotam os organismos da doença.

Numerosos estudos demonstraram que, de maneira geral, a maioria das doenças é subclínica, jamais se tornando suficientemente séria para produzir sintomas reconhecíveis. Geralmente não temos consciência das batalhas travadas no nosso organismo e isto atesta a eficiência das nossas defesas naturais.

Um mecanismo basicamente protetor pode — quando levado a extremos — causar mais mal do que bem. O congelamento é um exemplo deste processo. A fim de conservar o calor, o fluxo sangüíneo é desviado da pele, onde a maior parte do calor se perderia através da radiação. No entanto, a ausência de sangue causa dor, e se o fluxo sangüíneo é reduzido de maneira significativa durante um período longo, a má circulação pode resultar em gangrena.

Evidentemente, a nutrição é um fator básico para todos os aspectos da vida, uma vez que ela fornece os elementos e o combustível para todos os processos biológicos. Cada vez que respiramos, todos os nossos pensamentos, todos os impulsos nervosos que provocam uma batida do nosso coração, tudo isto exige energia e esta energia deve ser fornecida pelos alimentos que consumimos. Os vários aspectos da nutrição e da cura são tratados com detalhes em outra parte deste livro, mas pelo menos dois pontos merecem ênfase.

O primeiro é existência de um interesse renovado entre os médicos e cientistas pela importância da nutrição na manutenção de um grau ótimo de saúde. Uso a frase "grau ótimo de saúde" para enfatizar que existem graus variados de bem-estar e que o que muitas pessoas consideram saudável hoje poderá, nos próximos anos, ser considerado inferior ao grau que se pode atingir. A ciência e a medicina não são estáticas e estão em constante mudança, muito embora esta mudança às vezes seja lenta.

A importância dessas mudanças em relação à vitamina foi expressa pelos drs. Perla e Marmorston há mais de quarenta anos: "Existe um volume crescente de evidência experimental de que o grau de saturação do corpo com essas importantes substâncias vitamínicas pode afetar a resistência e o bem-estar do hospedeiro. Caso isso aconteça, será preciso fazer uma distinção entre o requisito ótimo de uma vitamina e o requisito mínimo para evitar sinais de deficiência. Do ponto de vista da medicina preventiva e da saúde individual, uma abundância de vitaminas na dieta, muito além dos requisitos mínimos estimados atualmente, provavelmente garantiria um maior grau de resistência à infecção e condições mais favoráveis para uma vida mais saudável e mais longa" (*Natural Resistance and Clinical Medicine*, Little, Brown & Co., Boston, 1941).

O segundo ponto a ser lembrado é que os processos de defesa e reparação são funções complexas que envolvem muitas vezes muitos tipos diferentes de tecidos e enzimas. As vitaminas e os minerais estão ligados a muitas dessas funções. Quando um elo de uma cadeia de eventos é enfraquecido, o resultado final pode ficar aquém das expectativas, mesmo quando todos os outros aspectos do processo permanecem intactos. Um fluxo sangüíneo inadequado, por exemplo, provocado pela aterosclerose pode impedir a cicatrização de um ferimento, mesmo quando os mecanismos básicos de reparação estão funcionando adequadamente. Assim, é possível que deficiências sutis e aparentemente remotas afetem seriamente a maneira pela qual nos relacionamos com o meio ambiente e nos defendemos contra doenças.

A NUTRIÇÃO
REVOLUCIONÁRIA
DO DR. ATKINS
Robert C. Atkins
Formato: 14 x 21
348 páginas
Editora Artenova
Tel.: (021) 264-5496
Rio de Janeiro
1981
(Ver pág. 139)

Um Regime Vitamínico

DR. ROBERT C. ATKINS

Por este livro, enfatizei que embora seja fundamental encontrar a dieta adequada para uma terapia ou preventivo nutricional, a combinação certa de vitaminas e minerais também é essencial. Exatamente qual combinação de vitaminas e minerais uma pessoa precisa é um problema individual. Para solucioná-lo serão necessárias constantes experiências até chegar ao regime exato para suas medidas. Se você estiver com problemas ou se sentir inseguro, consulte seu médico.

Primeiro passo: estabelecer as vitaminas básicas necessárias

Sempre que possível, recomendo a meus pacientes tomarem a fórmula básica (ver pág. 128) e depois suplemento-a com vitaminas e minerais de acordo com as necessidades de cada um.

Existe uma boa razão para ter uma fórmula básica: Eu queria que todos os meus pacientes adquirissem uma dosagem mínima de vitaminas e minerais sem exageros ou deficiências. Minha fórmula deveria ser bastante flexível e tornar-se a base de um regime de vitaminas e minerais que pudesse ser adaptado às diferenças individuais. E, mais ainda, queria que ela incluísse a maior variedade de vitaminas que considero de grande ajuda para meus pacientes. Uma fórmula que a tornasse superior às que existem atualmente no mercado. Depois de muitos testes e erros, cheguei à fórmula que tenho usado nos últimos quatro anos.

Como ela existe em forma de pílula, já foi usada por mais de 4 mil pacientes. Apresento-a aqui como uma fórmula exaustivamente testada clinicamente. Em sua composição atual, a fórmula Atkins difere em vários aspectos de outras boas fórmulas existentes. Estas diferenças são resultado de descobertas minhas. Não se trata de uma fórmula perfeita ou a melhor, já que alguns pacientes não podem tomá-la. Mas, em sua grande maioria, meus pacientes informam que sentem grande diferença quando começam a tomá-la ou param.

Quais são as diferenças?

Minha fórmula, é claro, tem grande ênfase nas vitaminas B e C solúveis, os dois grupos com menores possibilidades de serem ministrados em doses exageradas. (O corpo humano, em sua infinita sabedoria, facilmente elimina através dos rins quantidade que não seja necessária no momento.) No complexo de vitamina B estão os nutrientes mais importantes para a extração de energia das proteínas, gorduras e carboidratos.

Minha fórmula contém uma quantidade alta significativa de todos os componentes do complexo B, maior que a aprovada pelas U.S. Recommended Daily Allowances (RDA — Quotas Diárias Recomendadas nos/pelos EUA). Qualquer fórmula vitamínica, como uma corrente, é boa na medida de seus elos mais fracos, e eu não queria que meus pacientes tivessem elos fracos em seus regimes nutricionais.

O problema do ácido fólico e a FDA (Food & Drug Administration)

A despeito de meus esforços, existe um elo fraco. Todos os fabricantes de vitaminas nos Estados Unidos (mas não no Canadá) tiveram suas quotas de ácido fólico limitadas em qualquer fórmula. As quantidades permitidas pela FDA são desproporcionalmente pequenas e ridículas se comparadas às quantidades permitidas de outras vitaminas.

O limite foi estabelecido em 4/10 de um miligrama (4 mg) de ácido fólico em qualquer fórmula vitamínica e isso é muito pouco para suprir as nossas necessidades, principalmente quando os outros componentes do complexo B são limitados de forma generosa. Na Dieta da Superenergia do Dr. Atkins, tentei superar este obstáculo colocando 0,4 mg (400 microgramas, de acordo com a RDA) em cada pílula que, se tomadas nove vezes ao dia (três pílulas, três vezes ao dia) de acordo com instruções médicas, forneceria pelo menos 3,6 mg desta fabulosa vitamina.

Por experiência própria, geralmente acrescento 3 mg ou mais, além da quantidade acima, de modo que meus pacientes recebam de 6 a 10 mg de ácido fólico sem que experimentem o menor efeito colateral. Mas se você vir um produto na farmácia ou loja de alimento natural rotulado como "Fórmula Atkins", você poderá notar que ele contém apenas 100 microgramas de ácido fólico por comprimido. Isto porque o laboratório que faz a distribuição para o público deve obedecer à FDA, ao passo que o médico pode chegar a dosagens maiores. Os fabricantes devem se conformar com as limitações sob o risco de terem seus produtos apreendidos. De qualquer forma, gostaria de deixar bem claro que a verdadeira fórmula Atkins deveria conter no mínimo 3.600 microgramas (3,6 miligramas). Para duplicá-la, você precisa acrescentar a quantidade de ácido fólico separadamente.

Até agora, descobriram que o ácido fólico é essencial para pelo menos quatorze sistemas enzimáticos diferentes. O Dr. Carlos L. Krumdieck o chama de "a hipovitaminose mais comum no homem". Já tive oportunidade de comprovar esta hipótese e acredito que a dose ótima de ácido fólico deverá ser maior que 15 mg diários.

Os outros componentes do complexo B

Mais especificamente, tenho dado ênfase às quantidades de vitaminas B_6, B_3 (niacina) e ácido pantotênico. A fórmula básica fornece 200 mg de B_6. Isso é de extrema importância, pois ela age como co-fator num número excepcionalmente grande de diferentes tipos de enzimas envolvidas em vários aspectos do metabolismo do aminoácido. A vitamina B_6 é particularmente importante para as pessoas que estejam fazendo dietas ricas em proteínas. Mais do que qualquer outra vitamina separadamente, ela parece corrigir os excessos e diferenças da dieta ocidental típica.

De modo similar, a vitamina B_3 (que dou na proporção de 1/3 de niacina e 2/3 de niacinamida para evitar os calores que acompanham uma dosagem mais forte de niacina) e o ácido pantotênico recebem mais destaque que o regulamentado pelas RDA. A fórmula fornece um total de 150 mg de vitaminas B_3.

Agora compare as dosagens permitidas pelas RDA (15 mg) com as dosagens usadas pelos psiquiatras ortomoleculares no tratamento da esquizofrenia (geralmente 10.000 mg). Você pode ver que os níveis que costumo usar não estão dentro dos padrões normais nem chegam a ser megadoses.

E quanto às metavitaminas?

Uma das áreas mais frutíferas no campo da nutrição contemporânea diz respeito a um grupo incontável de componentes do complexo B que a FDA e a indústria de alimentos simplesmente rotularam pela seguinte frase lacônica:... para o(s) qual (is) não foi estabelecida qualquer quota diária recomendável". O fato de não haver uma dosagem diária "recomendável" não diminui a necessidade destes nutrientes. Eles são conhecidos como metavitaminas, um termo que designa um grupo de substâncias que possuem qualidades óbvias mas que não produzem um estado deficiente quando ausentes.

Os racionalistas nutricionais que fazem parte das consultorias da indústria de alimentos aproveitam-se da falta de licença concedida pela RDA para suplementar os alimentos em dosagens mínimas ou não suplementá-los com metavitaminas. Desta forma diminuem os custos e aumentam a importância destas mesmas metavitaminas para nossa saúde.

Independente do fato de a deficiência desses nutrientes não produzir doenças nos seres humanos, eles mesmo assim são essenciais para a boa saúde. Na verdade, eles são necessários em doses bem maiores que as contidas nas vitaminas B, principalmente pelo fato de terem sido excluídos de nossa deita por causa dos processos de refinamento dos alimentos. De acordo com minha experiência, se essas metavitaminas são úteis, devemos passar a pensar nelas em doses de gramas ou mais, e não miligramas.

A fórmula básica evidencia três dessas metavitaminas: PABA, colina e inositol. O PABA tem demonstrado ser tão útil para meus pacientes que incluí 1.200 mg por dia, tornando-a a maior quantidade entre os componentes de minha fórmula. Talvez este seja o motivo de meus pacientes sentirem tanta energia quando tomam as vitaminas.

A "vitamina" mais importante — embora a FDA diga que não podemos chamá-la assim —, B_{15} (dimetilglicina), é um doador de metil e também deveria ser classificado como metavitamina. As restrições legais impedem-me de incorporá-la à minha fórmula. Se não fosse o caso, ela com certeza seria acrescentada. A metavitamina B_T, ou carnitina, faz parte de minhas experiências atuais. Sua ação metabólica parece ser favorável na indução da cetose, e sua deficiência retarda nossa capacidade de metabolizar os ácidos graxos. Já foi demonstrada sua utilidade no tratamento da angina e na redução dos níveis de triglicerídeos no soro em pacientes que tinham níveis bastante altos. (Aqueles que quiserem aprender mais a respeito provavelmente encontrarão notícias, à medida que forem aparecendo, em minhas circulares.)

A fórmula básica também contém uma dose salutar de vitamina C e bioflavinóides. Considero a vitamina C e os bioflavinóides um conplexo como o da vitamina B, no qual os componentes se completam um aos outros em suas funções.

A vitamina C (ácido ascórbico) atua junto com a rutina e outros bioflavinóides para poteger as membranas capilares (pequenos vasos sangüíneos) e evitar arranhões fáceis, sangramento de gengivas e às vezes, fluxo menstrual excessivo.

Além das vitaminas B, C e minerais (que discutirei com mais vagar no próximo capítulo), a fórmula básica também contém vitaminas A, D e F. Mantive as dosagens dessas vitaminas solúveis em gordura bem baixas porque, como elas ficam estocadas no corpo, pode haver a possibilidade de uma dosagem excessiva e resultar numa toxicidade. Meu receio é que possam tomar grandes quantidades dessas pílulas de uma só vez.

Os casos de toxicidade são raros nas dosagens que estipulei. Esta fórmula foi elaborada com o intuito de ter dosagens baixas, para permitir uma flexibilidade individual, já que algumas pessoas precisam, por exemplo, de mais vitamina A e E que outras.

Até mesmo a fórmula básica apresenta desvantagens

Infelizmente, existem pessoas, que pude observar durante o tratamento comigo, que não podem tomar vitaminas. Essas pessoas geralmente não se dão bem com uma fórmula compacta de vitaminas. Contudo, já que a reação anterior foi devido à fonte do material (por exemplo, lêvedo de cerveja, arroz, farelo ou germe de trigo), vale a pena tentar tomar, talvez, apenas um comprimido. Se mesmo assim não der resultado, serei forçado a prescrever as vitaminas separadamente, uma de cada vez, até descobrir quais são ofensivas.

Sem querer abusar da controvérsia entre vitaminas sintéticas e naturais, uma das vantagens das sintéticas é a eliminação de uma possível fonte alergênica. Outra vantagem é a facilidade de fornecimento de dosagens grandes quando se trata de uma terapia ortomolecular.

Por outro lado, já conheci pessoas que podem tomar vitaminas naturais, mas não as sintéticas. Também neste caso, a fonte natural de vitaminas pode conter nutrientes designados pela natureza que acompanham a vitamina principal. Alguns desses nutrientes ainda estão para ser descobertos. Os indivíduos diferem muito e você deveria consultar um médico que esteja a par da sua história clínica.

Estou convencido de que virtualmente todos nós podemos tolerar cada uma das vitaminas se apresentadas em estado absolutamente puro. Acho difícil de acreditar que, excetuando a possibilidade de um defeito congênito no metabolismo, nossos corpos possam rejeitar moléculas que pertencem ao próprio corpo e que sejam essenciais ao nosso funcionamento, como no caso das vitaminas.

Evidentemente você não é obrigado a tomar a fórmula básica Atkins, já que ela poderá ser montada numa infinidade de outras combinações. Uma dessas combinações é um tipo de fórmula VW-75, mais dosagem extra de ácido fólico, PABA, vitamina C, lecitina e bioflavinóides. Peça ao gerente da loja de alimentos naturais que lhe mostre a composição deste produto.

Lembre-se de que uma vez estabelecida a dosagem diária, é muito melhor tomá-la em quantidades menores várias vezes ao dia que de uma vez só. A razão deste comentário é que o nível no sangue após a ingestão de vitaminas B e C hidrossolúveis começa a cair dentro de cinco a seis horas. Por exemplo, metade da tiamina que você tomar será consumida pelo corpo em vinte minutos.

Como suplementar a fórmula básica

Já repeti diversas vezes que após meus pacientes passarem a tomar a fórmula básica, deverá ser necessário suplementá-la devidamente.

Quando você estiver pronto para comecar a suplementar seu regime vitamínico, preencha o questionário da pág. 334. Ele ajudará a identificar o seu problema. É bem possível que seu problema seja exatamente o que for mencionado em primeiro lugar. Se sua condição é grave o bastante para exigir assistência médica, tenho certeza de que a primeira pergunta que ele fará será esta.

Uma vez detectado o problema, procure o capítulo no qual faço minhas recomendações para os pacientes com condições similares. Como você poderá notar, costumo iniciar com um único nutriente ou grupo de nutrientes, como a colina com inositol, na primeira semana. Acrescente isso e apenas este suplemento na dosagem que recomendei. (Você poderá fazêlo com relativa segurança somente se estiver tomando uma fórmula básica adequada. Caso contrário, haverá o risco de causar um desequilíbrio vitamínico pelo acréscimo de uma única vitamina sem as outras que a acompanham para o balanceamento.) Espere uma semana. Se você estiver se sentindo melhor, saberá que agiu corretamente; caso contrário, passe para o próximo estágio do regime geral que prescrevi.

Certifique-se de que somente seja acrescentada uma variedade de cada vez, a fim de que possam ser detectadas as modificções e seus agentes. Não preciso lembrar que não recomendo fazer qualquer modificação importante em sua dieta na mesma semana que estiver acrescentando ou subtraindo algum nutriente importante ao seu regime.

Quando seu problema principal estiver resolvido, você poderá então tentar solucionar os outros. É raro aparecer um paciente que tenha apenas um problema e tenho certeza de que você também tem vários pontos em que gostaria de sentir alguma melhora.

Ocorre um fenômeno muito interessante com os pacientes que vêm do meu consultório. Uma vez estabilizado o açúcar no sangue e que o paciente já tenha começado a tomar a fórmula básica de vitaminas, geralmente opera-se uma mudança para melhor. E se o paciente seguir um regime destinado a curar o problema principal, às vezes os probleminhas menores simplesmente desaparecem sem que seja feita qualquer modificação no tratamento.

A lição é muito simples. Comece sua dieta e tome a fórmula básica suplementando-a gradativamente. Avalie com cuidado os efeitos das modificações. Não se surpreenda se você se sentir muito melhor do que esperava.

Perigos

A finalidade deste livro não é substituir o conselho médico dado ao vivo. No entanto, como detalho os regimes de tratamentos de alguns de meus pacientes, acho que seria prudente alertá-lo quanto às precauções que devem ser tomadas.

Perigo nº 1: Escassez de ácido fólico. É uma possibilidade se você ficar apenas na fórmula multivitamínica sem acrescentar uma dosagem extra de ácido fólico. Se, por exemplo, seu suplemento de ácido fólico for de 400 mcg (0,4 mg) e estiver tomando doses maciças de vitamina B_1(tiamina), B_3 (niacina) ou B_6, então é provável ocorrer uma deficiência de ácido fólico.

Perigo nº 2: Excesso de ácido fólico. O pretexto sob o qual a FDA restringe a quantidade de ácido fólico diz mais ou menos o seguinte: "O ácido fólico, juntamente com a vitamina B_{12}, tem a capacidade de corrigir a anemia perniciosa. Contudo, diferente da B_{12}, ele não consegue evitar a condição neurológica que geralmente acompanha seus efeitos." Desta forma, o médico que seguir o progresso do paciente apenas pela contagem do sangue pode deixar escapar o déficit neurológico que ocorre quando são administrados suplementos liberais de ácido fólico. Para evitar esta seqüência desconhecida de acontecimentos (já que o ácido fólico é quase sempre prescrito juntamente com a vitamina B_{12}, uma população inteira fica carente da correção da deficiência número um em vitaminas. Se você quer saber por que não acho que a FDA está jogando limpo com as necessidades nutricionais, cito este exemplo como prova A.

Existe uma explicação para algumas pessoas se sentirem pior quando tomam ácido fólico. O nível de histamina aumenta e existe um certo tipo bioquímico, chamado histadélico — histamina alta — pelo dr. Carl Pfeiffer, que tende a causar estados depressivos, reflexivos ou sujeitos a freqüentes dores de cabeça. Nestes casos, os pacientes de fato se sentem pior quando tomam as dosagens por mim prescritas de ácido fólico.

Um outro tipo de paciente depende da droga difenilidantoína (DPH-dilantin), que antagoniza com o ácido fólico. As crises deste paciente podem acentuar-se pela ação de ácido fólico ou, inversamente, os sintomas induzidos pelo DPH podem melhorar.

Portanto, as dosagens de ácido fólico têm que ser prescritas individualmente.

Perigo nº 3: A dosagem de vitaminas B_6 também deve ser administrada individualmente. A quantidade de 200 mg é excepcionalmente alta para qualquer fórmula padrão de multivitaminas. Algumas fórmulas de vitamina natural fornecem apenas níveis micrográmicos de B_6, e outras ainda têm dosagem ainda menor do que a já baixa quota de 2 mg aprovada pelas RDA. Para algumas pessoas, 200 mg de vitamina B_6 podem ser excessivos e gerar estados de ansiedade, nervosismo e outros sintomas.

Mas para a maioria de meus pacientes, 200 mg parecem não ser o suficiente para obter um efeito ótimo. Lembre-se de que estamos sempre procurando encontrar a dosagem ótima, e não a mínima. Os médicos ortomoleculares usam com freqüência doses de 200 mg ou mais.

A maneira mais fácil de saber qual a dose ideal de vitamina B_6 é anotar a freqüência com que você se lembra de seus sonhos. A ingestão de B_6 pode ser considerada ótima quando você se lembrar do sonhos que teve na noite anterior, pelo menos metade das vezes. (A lembrança dos sonhos também parece estar relacionada aos minerais zinco e manganês e ao aminoácido triptofano.) É fascinante ouvir meus pacientes dizerem que antes de tomar a vitamina B_6 eles quase não sonhavam ou lembravam-se pouquíssimas vezes dos sonhos. Quando isso acontece, a vitamina B_6 parece operar um verdadeiro milagre para eles, principalmente com respeito ao grau de energia, agilidade e memória.

Perigo nº 4: Excesso ou escassez de niacina ou niacinamida. Ambas são formas da vitamina B_3, e têm as mesmas importantes funções nutricionais, embora uma possa atuar melhor que a outra em certos casos. Contudo, você precisa estar alerta com a niacina — também conhecida como ácido nicotínico —, pois ela pode causar calores desagradáveis após a ingestão de uma simples dose, como 25 mg.

A niacinamida, também, já foi a causa de vários problemas, inclusive o de depressão. Não tive nenhum caso desses em meu consultório, e, no entanto, meus pacientes que sofrem de depressão acham a niacinamida bastante útil. Talvez seja devido ao fato do meu regime estar contrabalançado e a niacinamida ser dada juntamente com quantidades suficientes de outras vitaminas B.

Perigo nº 5: Alergia a lêvedo de cerveja, germe de trigo, arroz, farelo e outras substâncias naturais de onde provêm as vitaminas B.

Os pacientes alérgicos às fontes naturais de vitamina podem não se sentir bem na hora seguinte após tomar a pílula. Portanto, se a resposta do paciente não for a esperada, sugiro que ele passe para a forma sintética de vitaminas, recomendada por mim, para ver se ocorre alguma diferença. Geralmente, ocorre.

Às vezes, o teste de fraqueza dos músculos mencionado na aplicação da cinesiologia pode ser usado para determinar quais as vitaminas que causarão respostas desfavoráveis. O mesmo teste pode ser feito com as vitaminas que não provocam alergia, para ver se elas aumentam sua força muscular.

Perigo nº 6: Alergia ao comprimido de vitamina sintética. Este tipo de alergia geralmente não é à própria vitamina, pois acredito que muito poucas pessoas possam ser alérgicas à vitamina pura, mas sim aos excipientes utilizados no preparo do formato da vitamina. Se você tiver uma reação forte a uma vitamina sintética, então a mudança de marca poderá resolver seu problema já que cada laboratório usa um excipiente ou ligadura diferente. Mas somente mudar de marca não irá substituir o conselho médico se você estiver com problemas.

Se seu caso for artrite, condição cardíaca, insônia, fadiga, falta de interesse sexual, depressão ou uma infecção aguda, então você se beneficiará muito dando uma olhada na seção denominada Vitamina de Relance, no final deste livro, juntamente com um acompanhamento médico. Nesta seção, sugiro suplementos para os regimes básicos nos casos das condições acima. Contudo, você não deve incorrer no erro de concluir que as combinações sejam perfeitas ou que as proporções sejam fixas. O seu caso pode requerer poucos ou muitos acréscimos, diferindo enormemente da recomendação geral. Mas são bons pontos de partida e pretendo ter estas fórmulas em meu consultório para os pacientes a fim de que eles possam tomar menos comprimidos nas condições crônicas.

Agora que estou perfeito, o que vou fazer?

Uma vez atingido o ponto em que você se sente melhor do que nunca, fazendo exercícios como um competidor olímpico, mantendo a calma e serenidade, dormindo profundamente e precisando de menos horas de descanso, você talvez chegue à conclusão de que toma uma dúzia de pílulas todos os dias. Sua queixa agora será: "Tenho que tomar tantas vitaminas!"

Pois bem, alegre-se. A essa altura você já deve estar em condições de cortar um pouco a quantidade de vitaminas. Está na hora de reduzir. Comece pelas vitaminas que pareceram causar muito pouco impacto quando você as tomou pela primeira vez ou aquelas que estão em dosagens desproporcionadamente altas, reduzindo-as para 1/3 ou metade. Após ficar por uma semana nesta redução, pergunte a si mesmo:

— Estou me sentindo tão bem quanto quando diminuí a dosagem?

Se a resposta for afirmativa, prossiga na redução da próxima vitamina cuja dosagem esteja alta. Se a resposta for negativa, volte ao nível que estava. Você provavelmente deve precisar de todas as vitaminas que tomava.

Com o tempo, você deverá conseguir reduzir até chegar à fórmula básica, mais ácido fólico e algumas outras vitaminas que podem servir para preservar a vida, como a vitamina E,

C, lêvedo de cerveja, alho, etc. de modo similar ao meu de tomar vitaminas.

Qual o seu regime vitamínico, dr. Atkins?

Frequentemente meus pacientes perguntam que vitaminas costumo tomar. Tenho muitas reservas em contar ao meus pacientes — ou a qualquer um que receba um conselho nutricional meu — como é meu regime. Isso deve-se simplesmente ao fato de que a questão é muito pessoal e o que serve para mim pode não servir para mais ninguém. Durante anos fiz experiências e tateei na procura de um regime certo para o meu caso.

Mas se você for uma dessas pessoas que faria tal pergunta se me encontrasse numa festa, vou lhe dizer o que faço hoje, em 1981. Em 1982 a resposta pode ser bem diferente, pois faço modificações o tempo todo, de acordo com a necessidade.

Tomo seis a nove comprimidos de minha fórmula básica por dia ou mais se estiver estressado. Também tomo uma dosagem extra de 20.000 unidades de vitamina A, 400 unidades de vitamina E, 15 mg de ácido fólico e quantidades extras variáveis de vitamina C (com bioflavinóides). Descobri que três a seis comprimidos de ginseng americano operam bons efeitos em mim, juntamente com três a seis tabletes de alho isentos de alicina, 1.200 mg de ácido ribonucléico e quatro comprimidos de dismutase superoxidase. O suplemento de minerais é baseado no resultado de análise de meu próprio cabelo (três comprimidos de orotato de magnésio de 50 mg por dia, quelato de zinco, quelato de manganês e FTG de cromo). Se me sentir cansado, tomo doses extras de PABA, B_6 ou tiamina ou um pouco de B_{15} e, se estiver muito excitado para dormir, tomo inositol, ácido pantotênico e niacinamida. Quando existe a ameaça de um resfriado, tomo 120.000 unidades de vitamina A mais uma dose extra de ácido pantotênico, zinco e 1 ou 2 gramas de vitamina C a cada duas horas.

Mas lembre-se de que tomo isso hoje, na hora em que estou escrevendo, e que amanhã meu regime pode mudar um pouco, dependendo das necessidades. Outra coisa: suas necessidades diferem das minhas. À medida que o sucesso de meus pacientes me impressiona, adquiro maior apreço pelo valor em potencial dos diversos nutrientes. E com o passar dos dias, você verá que daqui a seis meses, meu regime pode estar completamente diferente.

Os suplementos não são só de vitaminas

As vitaminas não costumam atuar sozinhas. Às vezes elas interagem com os minerais, ou causando retenção de um determinado mineral no corpo ou eliminando-o em grandes proporções. Por exemplo: a vitamina B_6 provoca uma eliminação enorme e desproporcional de cobre, comparado a zinco. Se um paciente estiver com a taxa de cobre alta e a de zinco baixa, uma das medidas de estabelecer o equilíbrio racional entre os dois será acrescentar mais vitaminas B_6 ao regime.

Portanto, vamos passar aos minerais e ver o que eles são capazes de fazer.

Vitaminas de relance (uma chance para as vitaminas)

Abaixo encontra-se a fórmula básica de vitaminas e minerais que administro a quase todos os pacientes que vêm ao meu consultório. A listagem está de acordo com o total da dose diária, a fim de que você possa distinguir melhor a sua própria fórmula. As pílulas existentes são isentas de amidos e açúcar, sem excipientes ou tinturas químicas. Cada comprimido contém 1/9 (11,1%) da dose diária total. Assim, podem ser tomados, três vezes ao dia, três comprimidos de cada vez num total de nove comprimidos.

Se o leitor tiver dificuldades para aviar estas fórmulas, procure:

— Dermatus — Farmácia Dermatológica Ltda. — R. Djalma Ulrich, 194 — Rio de Janeiro — RJ.

— Botica ao Veado d'Ouro Ltda. — R. São Bento, 220 — São Paulo — SP.

Fórmula Básica

Vitamina A	10.000 UI
Vitamina D	400 UI
Vitamina B_1 (tiamina)	100 mg
Vitamina B_2 (riboflavina)	75 mg
Vitamina C	1.500 mg
Niacina 5	0 mg
Niacinamida	100 mg
Cálcio	600 mg
Vitamina B_6 (piridoxina)	200 mg
PABA (ácido paraminobenzóico)	1.200 mg
Pantotenato de cálcio	150 mg
Ácido fólico	3,6 mg
Vitamina B_{12}	750 mg
Vitamina E	200 UI
Magnésio	300 mg
Manganês	6 mg
Zinco	45 mg
Colina	750 mg
Inositol	450 mg
Biotina	300 mcg
Rutina	45 mg

Bioflavinóides	300 mg
Ferro (como fumarato ferroso)	18 mg
Iodo (como alga)	225 mcg

Estas são quantidades totais diárias.

Dose normal: 3 comprimidos, três vezes ao dia, após as refeições.

Leitura Recomendada

A essência do conceito clipping *é informar e motivar. Neste último capítulo deste livro-clipping, apresentamos ao leitor comentários sobre os livros-matrizes, de onde os textos foram extraídos. Geralmente são prefácios ou introduções explicando a obra e sua finalidade.*

O conteúdo dos livros desta coleção é auto-suficiente, mas ao leitor que deseje conhecimentos mais completos, recomendamos a leitura dos livros-fonte — aliás, esta é uma das razões da "invenção" da coleção ***O Poder do Poder****.*

Todos os livros aqui recomendados encontram-se disponíveis em livrarias, ou nas respectivas editoras.

Como Viver Mais e Melhor

LINUS PAULING — EDITORA BEST SELLER

Neste livro, o cientista Linus Pauling, duas vezes laureado com o Prêmio Nobel, discute medidas simples e econômicas que você pode tomar para levar uma vida melhor e viver por mais tempo, com mais prazer e menos doenças.

Ao lado da alimentação diária regular (com redução do açúcar) e exercícios moderados (duas ou três vezes por semana), a mais importante recomendação de Pauling é ingerir algumas vitaminas todos os dias para complementar as obtidas dos alimentos. O autor enfatiza o papel da vitamina C na prevenção de enfermidades respiratórias e muitas outras doenças.

Além de fundamentar solidamente suas teses, o autor fala das distorções introduzidas na sua bem-sucedida terapia ortomolecular (destinada a cancerosos em estado grave ou doenças degenerativas) e polemiza com a classe médica em geral e empresas de saúde em particular — para ele, de fato, verdadeiras indústrias da doença.

Enfim, um livro útil e prático de quem sempre procurou entender o mundo da matéria e melhorar o mundo do homem.

Com medidas simples, a proposta de uma vida feliz e com mais saúde

Duas vezes premiado com o Nobel, o célebre químico Linus Pauling prova neste livro que você não precisa ser um maníaco por saúde para acrescentar anos felizes à sua vida. Seu econômico e descomplicado método inclui:

- três refeições regulares ao dia;
- exercícios leves, não necessariamente diários;
- seis a dez horas de sono por noite;
- consumo moderado de bebidas alcoólicas;
- suplemento diário de vitaminas.

Além de explicar como as vitaminas agem no organismo, Pauling discute o papel da nutrição bem balanceada no fortalecimento do sistema imunológico. Discorre sobre como evitar enfermidades, do resfriado comum a problemas cardíacos, das alergias ao artritismo. E mais uma vez abrindo polêmica, sugere como podemos enfrentar o fato de que médicos são ótimos para tratar doenças, mas fracassam na tentativa de preveni-las.

Um livro prático e proveitoso para todos. Cem mil exemplares na primeira edição americana.

Guia das Vitaminas

EARL MINDELL — EDITORA ABRIL

Com o objetivo de informar e esclarecer dúvidas sobre nutrientes, em 1986 a Editora Abril publicou o famoso "Earl Mindell's Vitamin Bible". Em formato 11 x 21, com 322 páginas, o livro foi distribuído através de bancas de jornais. Atualmente o livro está esgotado. Nos EUA foram vendidos 2 milhões de exemplares.

No prefácio da obra, diz o autor:

Este guia foi escrito para vocês, homens e mulheres que estão eternamente tentando se encaixar em normas estatísticas, só para descobrir que os gráficos se referem a uma pessoa média ideal mais alta, mais baixa, mais gorda, mais flácida ou mais ou menos ativa do que você jamais será. Este é um guia de vida saudável para pessoas, não para estatísticas.

Sempre que possível dei orientações pessoais, pois, na minha opinião, esse é o único modo de levar alguém a ter uma boa saúde — e esse é o objetivo do Guia das Vitaminas. Combinei meus conhecimentos de farmacologia com os de nutrição para explicar melhor as inter-relações confusas, e freqüentemente perigosas, entre medicamentos e vitaminas. Tentei personalizar e especificar, para eliminar grande parte da confusão em torno de vitaminas causada por generalizações. Ao utilizar este guia, talvez você descubra que as suas necessidades vitamínicas encaixam-se em diversas categorias diferentes. Nesse caso, deixe que o bom senso lhe inspire as adaptações necessárias. Minhas recomendações não pretendem ser prescritivas, mas podem ser usadas como programas flexíveis, desde que você esteja sob a orientação de um médico. Nenhum livro pode substituir os cuidados profissionais. Espero ter fornecido informações que contribuam para que você tenha uma vida longa, feliz e saudável.

Com a natural cautela, os editores brasileiros fazem o seguinte "Aviso Importante":

Não são facilmente disponíveis no Brasil informações claras e objetivas sobre nutrientes, dirigidas a quem se interessa pelo assunto sem ser especialista. E é com o objetivo de informar e esclarecer dúvidas que editamos o Guia das Vitaminas ("Earl Mindell's Vitamin Bible").

Mas ao ler este guia o leitor

poderá pensar que não existem, no Brasil, todos os suplementos dietéticos descritos pelo farmacêutico e nutricionista norte-americano Earl Mindell. Por isso, é importante saber que:

• Não existem diferenças na técnica básica de industrialização de medicamentos e de suplementos vitamínicos, minerais ou de qualquer outro tipo entre os Estados Unidos e o Brasil, mas os norte-americanos empregam alguns métodos ainda pouco utilizados por nós na forma descrita pelo autor. Esse é o caso, por exemplo, da quelação, processo pelo qual as substâncias minerais assumem formas mais facilmente digeríveis, e dos suplementos vitamínicos ou minerais de liberação gradual.

• A dosagem, composição ou a forma de apresentação de alguns suplementos vendidos nos EUA são diferentes daquelas dos produtos nacionais. Não temos, por exemplo, a vitamina E seca e a vitamina B_{12} não é encontrada pura sob a forma de comprimido ou cápsula — ela só está disponível pura sob a forma de comprimido ou cápsula — ela só está disponível pura sob a forma injetável ou em composições multivitamínicas. E os aminoácidos e alguns minerais, apesar de industrializados no Brasil em fórmulas balanceadas, são pouco comercializados como suplementos isolados. A matéria-prima existe e pode ser manipulada nas farmácias magistrais, desde que sob prescrição médica.

• Entre os suplementos mencionados por Earl Mindell ainda não disponíveis no Brasil estão os comprimidos de RNA-DNA, SOD, DHEA, óleo de prímula-da-noite, extrato concentrado de crucíferas, extrato de iucá ou comprimidos de fígado dessecado. Também não temos vitamina C extraída do fruto da roseira e acrescida de bioflavonóides, hesperidina e rutina.

• Usamos a sigla EUA cada vez que determinada substância tem, no mercado americano, uma forma de apresentação diferente da que é encontrada no Brasil. Em certos casos, mencionados no tópico anterior, essa sigla indica que a substância não está disponível no mercado brasileiro.

A Vitamina C, O Resfriado Comum e a Gripe

LINUS PAULING — ATHENEU EDITORA

No prefácio desta obra, o autor faz as seguintes considerações:

Há seis anos muitas pessoas estavam já convencidas de que uma ingestão aumentada de vitamina C propicia alguma proteção contra o resfriado comum. Baseavam-se na própria experiência, embora muitos médicos e autoridades em nutrição continuassem a descrever a vitamina C como desprovida de valor no controle de resfriado comum ou de qualquer outra enfermidade, exceto sua doença específica de carência, o escorbuto. Ao examinar a literatura médica verifiquei, contudo, que haviam sido realizados inúmeros trabalhos excelentes, a maioria dos quais demonstrava um valor real da vitamina C no controle do resfriado comum. Minha preocupação com o desinteresse das autoridades médicas em relação às evidências existentes levoume a escrever o livro *Vitamin C and the Commom Cold*, que foi publicado em 1970 e traduzido em muitas línguas.

Esse livro recebeu comentários favoráveis de alguns críticos, mas foi intensamente atacado por outros. A discussão que se seguiu estimulou diversos investigadores — entre eles o professor George Beaton, chefe do Departamento de Nutrição da Escola de Higiene da Universidade de Toronto — a iniciar investigações controladas. Tais investigações fortaleceram a conclusão de que a vitamina C tem valor no controle do resfriado comum. Como resultado, as autoridades médicas e nutricionais já não mais alegam que a vitamina C é desprovida de valor em relação ao resfriado comum, embora possam argumentar que a proteção propiciada pela vitamina não é suficientemente grande para justificar o trabalho e os custos de uma utilização adequada.

No transcorrer de meus estudos sobre a vitamina C, aprendi que esta exerce uma ação geral contra os vírus e oferece alguma proteção não somente contra o resfriado comum mas também contra outras doenças por vírus, inclusive a gripe ou influenza. O resfriado comum é bastante incômodo, mas não é grave. Somente em raras eventualidades ele ocasiona complicações e morte. A gripe ou influenza, por outro lado, é uma doença séria e perigosa. Na grande epidemia de influenza de 1918-1919 a doença acometeu cerca de 85% da população de todos os países e matou cerca de 1%, inclusive muitos adultos jovens e saudáveis — o número total de mortes é avaliado em vinte milhões aproximadamente. O aparecimento da gripe no início de 1976, produzida por um vírus similar ao da epidemia de 1918-1919, ocasionou recentemente grande preocupação.

O presidente dos Estados Unidos da América anunciou que o governo iria financiar com mais de 135 milhões de dólares um programa destinado à preparação de vacinas que permitissem controlar a epidemia esperada para o inverno de 1976-1977. Deu-se, porém, reduzida atenção ao valor da vitamina C na proteção contra a gripe. Neste livro eu apresento uma discussão das evidências a respeito da vitamina C e gripe, e também atualizo a discussão referente ao seu uso no resfriado comum. Espero que sua publicação ajude muitas pessoas a evitar doenças graves e contribua para uma vida mais longa e mais saudável.

Linus Pauling
Linus Pauling Institute of Science and Medicine
2700 Sand Hill Road
Menlo Park, California 9025
31 de julho de 1976

O Milagre Das Vitaminas

DORIS FABER — FUNDO DE CULTURA

Raramente um livro de pequeno formato consegue condensar tão úteis conhecimentos, sobre um determinado ramo das ciências, como este que se apresenta agora em edição brasileira. Ou porque seja difícil encontrar um cientista que exprima em linguagem acessível alguma parcela de sua sabedoria, ou porque um conhecimento especializado de certas ciências modernas requeira um índice mínimo de cultura geral, a verdade é que os jovens de nossos dias lutam com a tremenda dificuldade de encontrar obras de literatura científica que estejam ao alcance da sua magra cultura de colegiais. Não se pretende, com isso, sugerir que a erudição da juventude atual se limite à idolatria pela futilidade, mas, ainda que fosse esse o espírito que nos levou a fazer tal afirmação, estaríamos certos de não haver forjado uma exagerada mentira.

Deixando de lado essa triste realidade, cumpre-nos a obrigação de fazer algo para dissolvê-la e, para tanto, devemos compenetrar-nos de que a pobreza intelectual de nossos filhos não é apenas uma conseqüência da época em que estão vivendo, mas o resultado de uma educação que, criminosamente, lhes estamos ministrando. Consideramos obsoleta a tentativa de se atribuir o analfabetismo à negligência dos educadores e à deficiência dos métodos de divulgação do ensino. Não é por falta de livros que os adolescentes fumam maconha ou discutem futebol, nem é pelo cheiro das traças que as bibliotecas afugentam cada vez mais seus freqüentadores. A apatia pela boa literatura e o desinteresse de possuir uma sólida bagagem de conhecimentos, ainda que sirva somente para deslumbrar a ignorância da empregada, não se devem à escassez de livros nem ao fracasso das campanhas de alfabetização. A responsabilidade do mal está muito mais próxima do que poderíamos supor. Está conosco. Vive no pântano da nossa indiferença. Se ainda não fizemos algo para liquidá-la foi com receio de que o mais leve movimento nos fizesse enterrar ainda mais.

A educação de nossos filhos é um patrimônio que lhes podemos comprar, sob medida, com a vantagem de que a visita a uma livraria é incomparavelmente menos enfadonha que a tortura de os entregarmos às mãos de um alfaiate. Se os pais modernos se preocupassem mais com o miolo do crânio de seus filhos que com a pretensão de fazê-los futebolistas ou deputados, talvez não houvesse necessidade de lhes lembrar que a professora Doris Faber havia publicado um excelente livro sobre vitaminas. Todavia, como é duvidoso que isso aconteça, será inoportuna a crítica às intenções que nos assistiram quando pretendemos culpá-los pelo crime de privarem seus descendentes da leitura que lhes pode ser mais proveitosa.

Entre os numerosos trabalhos que a Editora Fundo de Cultura tem publicado na coleção "O Mundo e Nós", versando temas de indiscutível atualidade, como física nuclear, nutrição e astronáutica, figura *O Milagre das Vitaminas*, onde encontramos uma admirável descrição retrospectiva das lutas de nossos avós contra os terríveis flagelos do escorbuto e do beribéri, coroadas pelas vitoriosas conquistas dos cientistas da nossa geração, que identificaram as causas de tais enfermidades e as destruíram em quase todos os cantos da Terra. O valor fundamental da obra, porém, consiste na transcrição da história de cada uma das vitaminas até agora descobertas, fazendo ressaltar em todas elas seus efeitos benéficos e mencionando as fontes energéticas naturais, ou os alimentos, onde podemos encontrá-las.

Cura Natural

MARK BRICKLIN — CÍRCULO DO LIVRO

Neste livro, os métodos de cura natural são abordados de duas maneiras. Uma delas é a descrição das diferentes escolas ou modalidades de cura natural, como naturopatia e musicoterapia. Existem, naturalmente, mais modalidades de cura natural do que foi possível incluir aqui; mas procurei descrever aquelas que julguei de maior interesse, de maior utilidade e que pudessem ser explicadas adequadamente sem necessidade de detalhes excessivos.

Tratei ainda algumas doenças individualmente, discutindo aquelas terapias que nos parecem mais pertinentes e mais úteis. A maioria das terapias apresentadas se baseia em estudos publicados em revistas médicas ou livros e entrevistas com cientistas clínicos e especialistas. Outras informações são extraídas de casos relatados e apresentadas como tal. Finalmente, em alguns casos, apresentei remédios herbáticos ou populares. Essas dimensões se distinguem de várias maneiras e tentei estruturar cada verbete de maneira a apresentar primeiro a informação que considerei mais digna de crédito.

Ao esboçar o grande volume de informações médicas sobre a cura natural, dei grande ênfase às descobertas relativamente recentes. Isso teve o objetivo de economizar espaço e reconhecer o fato de que grande parte do material mais antigo pode ser encontrado em outros livros.

Em vários trechos do texto o leitor encontrará referências como "Meyer sugere que..." ou "Segundo Levy..." Esses são os nomes de autores de livros sobre ervas, e seus nomes completos — assim como os seus livros — estão registrados na bibliografia anotada, incluída na seção sobre medicina herbática.

Finalmente, este livro pretende ser apenas educativo, e não se destina a instruir ou preparar qualquer pessoa para um autotratamento, muito menos uma autodiagnose. Tenha em mente que os problemas da saúde são altamente individuais; sintomas semelhantes em duas pessoas diferentes podem indicar duas coisas completamente diferentes. Uma terapia (natural ou sintética) que traga uma melhora rápida para uma determinada pessoa pode não significar ajuda para outra pessoa, podendo ainda causar sérios efeitos colaterais numa terceira. Eu não apenas insisto que todos os problemas de saúde potencialmente sérios devam ser tratados por um médico mas também que você deve se certificar de que o seu médico está lhe oferecendo os melhores cuidados possíveis.

Tudo o que descrevemos neste livro não tem o objetivo de comprometer a reputação da profissão médica. Pelo contrário, queremos apenas provar que é um erro considerar a cura natural como uma espécie de medicina de alto risco, de acertar-ou-errar e a medicina tradicional como uniformemente digna de confiança e de absoluta segurança. Muitos leitores talvez tenham tomado conhecimento das falhas da medicina através da experiência pessoal. Agora, acredito, chegou a hora de incorporar uma melhor apreciação dessas falhas em nossas expectativas em relação à medicina.

Mas não fique pensando que a única coisa boa em relação à cura natural é a sua segurança relativamente alta. Ela pode ser também surpreendentemente eficiente, às vezes, muito mais do que as drogas. Neste livro você vai tomar conhecimento de muitos casos em que algo tão simples como uma alteração de dieta ou aplicações de uma determinada erva conseguiram resolver problemas que haviam resistido ao ataque violento de droga após droga. Foram relatos desta natureza na literatura médica que levaram J. I. Rodale a fundar a revista Prevention há mais de 25 anos. E a missão do atual editor da revista, Robert Rodale, é descobrir e trazer à luz relatos semelhantes que continuam a aparecer na literatura médica, mas que muito freqüentemente são ignorados pela medicina tradicional. Esperamos que este livro sirva para dar destaque a algumas dessas descobertas e conquiste para a cura natural o lugar que ela merece no quadro global dos cuidados com a saúde e bem-estar do homem.

A Nutrição Revolucionária do Dr. Atkins

DR. ROBERT C. ATKINS — ARTENOVA

"Este livro trata de estados de saúde que normalmente requerem atenção médica. Mas não se deve esperar por uma descrição de como são costumeiramente tratados por meus colegas.

As terapias aqui sugeridas representam uma alternativa à medicina ortodoxa — uma alternativa proporcionada pelo mal compreendido e pouco utilizado no campo da ciência médica que se ocupa da nutrição.

Não obstante a relativamente pequena familiarização com o assunto, a maior parte dessas terapias vem sendo empregada em escala cada vez mais ampla e representa uma opção muito mais segura que o sistema baseado em remédios, em torno do qual se desenvolveu a medicina ortodoxa. Há muito a classe médica sabe que esse sistema é seguro, mas o que vale a pena ressaltar é que, agora, essas terapias são realmente eficazes. E é sobre esse progresso que falaremos o tempo todo neste livro.

As novas idéias nos campos da dieta e da nutrição aqui apresentadas desenvolveram-se de três modos. Em primeiro lugar, as técnicas que venho usando e que ainda estão em uso corrente em minha clínica médica. Além disso, foram apresentadas em publicações e encontros científicos e, finalmente, estão sendo empregadas por colegas que, como eu, adotaram métodos não-tóxicos e não-farmacêuticos para tratar seus pacientes.

Se o leitor achar que este livro o autoriza a se autodiagnosticar e a se tratar, estará cometendo um engano. Todos os meus pacientes, assim como os pacientes de meus colegas, foram bem-sucedidos principalmente por terem sido tratados por um médico responsável e atento que buscou realizar um diagnóstico completo e que conhecia as possibilidades e limitações tanto da terapia ortodoxa quanto da alternativa que iria utilizar."

Após tratar, com sucesso, de mais de 17.000 pacientes, o Dr. Robert Atkins desenvolveu um sistema nutricional para tratamento de doenças físicas e emocionais, sem os efeitos colaterais ou riscos das drogas.

A Nutrição Revolucionária é uma abordagem ampla da terapia nutricional que visa manter a saúde e curar doenças através de dosagens específicas de vitaminas e sais minerais.

Milhares de pessoas que sofriam de males comuns, tais como dores de cabeça, ansiedade, depressão e de doenças mais graves, como artrites, diabetes, distúrbios cardíacos, câncer, estão hoje vivendo normalmente, saudáveis, graças à NUTRIÇÃO REVOLUCIONÁRIA.

A Nutrição Revolucionária propõe um programa total para uma boa saúde, incluindo dietas para controle de taxas de açúcar no sangue, o mais importante princípio nutricional. Essas dietas são baseadas nos conceitos apresentados nos dois outros best-sellers *A Dieta Revolucionária do Dr. Atkins* e *A Dieta da Superenergia do Dr. Atkins* e comprovados na própria prática médica do Dr. Robert Atkins.

Além disso, *A Nutrição Revolucionária do Dr. Atkins* inclui uma fórmula básica de vitaminas e sais minerais para os que não apresentam nenhum mal-estar ou sintoma de doenças e que desejam preservar sua saúde.

Amplamente documentado, isento de sensacionalismo, o Dr. Robert Atkins discorre com segurança e seriedade sobre a terapia nutricional e abre, uma vez mais, uma nova fronteira no campo da medicina e saúde.

Coleção
O PODER DO PODER

O PODER DA AUTOCURA
O PODER DO PENSAMENTO
O PODER DA FÉ
O PODER DO MITO
O PODER DO ZEN
O PODER DO AUTO-CONHECIMENTO
O PODER DO SUCESSO
O PODER DO JEJUM
O PODER DO TAO
O PODER DO SILÊNCIO
O PODER DOS CHACRAS
O PODER DA COSMO-MEDITAÇÃO
O PODER DA LOGOTERAPIA
O PODER DO RISO
O PODER DA PNL
O PODER DA AUTO-IMAGEM
O PODER DAS FRUTAS
O PODER DA CROMOTERAPIA
O PODER DA ORAÇÃO
O PODER DA PALAVRA
O PODER DA AUTO-ESTIMA
O PODER DOS SÍMBOLOS
O PODER DOS TALISMÃS
O PODER DE ANDAR
O PODER DO DINHEIRO
O PODER DA ALHOTERAPIA
O PODER DA ACUPUNTURA
O PODER DO OTIMISMO
O PODER DAS PLANTAS MÁGICAS
O PODER DA YOGA-TERAPIA
O PODER DA NÃO VIOLÊNCIA
O PODER DA AUTO-SUGESTÃO
O PODER DA VISUALIZAÇÃO
O PODER DA AURA HUMANA
O PODER DAS PIRÂMIDES
O PODER DA SAÚDE HOLÍSTICA

LIVRO | MARTIN CLARET | CLIPPING